管 理 思 想 文 库

教育部人文社会科学研究一般项目：国家审计、党组织建设与国有企业防范违规行为
研究（项目编号：19XJC790006）

Study on Audit Results
Announcement and Government Audit Quality

审计结果公告与
政府审计质量研究

韩梅芳 ◎ 著

经济管理出版社
ECONOMY & MANAGEMENT PUBLISHING HOUSE

图书在版编目（CIP）数据

审计结果公告与政府审计质量研究/韩梅芳著. —北京：经济管理出版社，2021.8
ISBN 978 - 7 - 5096 - 8208 - 1

Ⅰ. ①审…　Ⅱ. ①韩…　Ⅲ. ①政府审计—审计报告—研究—中国 ②政府审计—审计质量—研究—中国　Ⅳ. ①F239.44

中国版本图书馆 CIP 数据核字（2021）第 157328 号

组稿编辑：李红贤
责任编辑：李红贤　康国华
责任印制：黄章平
责任校对：王纪慧

出版发行：经济管理出版社
　　　　　（北京市海淀区北蜂窝 8 号中雅大厦 A 座 11 层　100038）
网　　　址：www. E - mp. com. cn
电　　　话：（010）51915602
印　　　刷：唐山昊达印刷有限公司
经　　　销：新华书店
开　　　本：720mm×1000mm/16
印　　　张：10.5
字　　　数：178 千字
版　　　次：2021 年 8 月第 1 版　　2021 年 8 月第 1 次印刷
书　　　号：ISBN 978 - 7 - 5096 - 8208 - 1
定　　　价：68.00 元

前　言

近年来，国家不断强化公民权利，控制公共权力，努力推进民主法治，促进社会公众参与政治，提升公民在国家治理中的地位。在权力监督和惩治腐败的过程中，政府信息公开和政府审计监督作为推进民主政治进程和规范公共权力运行的两种方式，受到了党和国家的高度重视。为保障公民依法获取政府信息，提高政府工作的透明度，促进依法行政，2007年出台了《中华人民共和国政府信息公开条例》，要求政府信息公开工作主管部门和监察机关负责对政府信息公开的实施情况进行监督检查，公布政府信息公开工作年度报告。2011年正式实施的《中华人民共和国国家审计准则》提出，审计机关的主要工作目标是通过监督被审计单位财政收支、财务收支以及有关经济活动的真实性、合法性、效益性，维护国家经济安全，推进民主政治，促进廉政建设，保障国家经济和社会健康发展。

政府审计作为一种特殊的经济控制机制，其本质目标就是保障和促进公共受托经济责任的全面有效履行（蔡春，2009）。服务于权力监督和国家治理的政府审计质量水平因此成为了政府审计领域研究的核心和焦点问题。

1986年，世界审计组织（INTOSAI）提出，质量是所有从事审计工作的组织都需要承担的责任。1990年，联合国编撰了工作手册，用以指导如何在政府审计工作中提高政府审计质量。2000年，我国审计署发布了《审计机关审计项目质量检查暂行规定》，强调审计机关应加强对审计项目的质量评估和考察。2003年，审计署印发了《审计署2003至2007年审计工作发展规划》，强调审计质量控制在审计工作中的重要地位。2010年，《世界审计组织战略规划（2011-2016）》要求各国最高审计机关在坚定反腐、加强问责、促进透明、强化良治方面不断努力，以发挥各国最高审计机关在国家治理中的重要作用。2014 年，国务院出台《关于加强审计工作的意见》，指出要强化审计的监督作用，完善审计工作机制，狠抓整改落实，加强审计执行效果，提升政府审计质量水平。2015 年，审计署印发了《关于进一步加大审计力度促进稳增长等政策措施落实的意见》，该意见中再次重申了各级审计机关要加强项目组织实施，明确和落实政府审计质量控制责任，对于存在严重政府审计质量问题的，要严肃追责问责。习近平总书记在中央审计委员会工作会议上强调，审计是党和国家监督体系的重要组成部分，要完善权力配置和运行制约机制，促进权力规范运行，加快推进国家治理体系和治理能力现代化建设。

大力提升政府审计质量的意义在于，政府审计是国家八大监督体系之一，是国家治理的重要组成部分。高水平的政府审计质量更有利于保障国家经济安全，有效监督公权力的运行，防治腐败，维护社会公众的集体利益，提高政府治理效率，促进地方经济高质量发展。政府审计促进经济发展的作用主要是通过监控政府有效履行其公共受托经济责任来实现的。

政府审计功能和作用的发挥离不开高水平的政府审计质量。

审计质量关乎审计的声誉，是审计工作的生命线。对于政府审计而言，审计工作的重心在于对被审计单位经济活动的真实性、合法性和效益情况发表意见，并根据审计结果发表审计处理意见（张琼方，2011）。不仅要及时发现违规违纪问题，还要能够及时客观地报告和反映这些问题，并对这些违规违纪问题予以处罚和纠正。为此，审计机关通过提高审计人员的专业能力，激励审计人员积极发现问题、查处问题等一系列措施来提升政府审计质量水平。随着公众民主意识以及政府自身对提高财政管理和执政能力需求的不断增强，为提高政府工作的透明度，2003 年，审计署对外公布了第一份审计结果公告，为开展政府审计质量研究提供了重要依据。审计署和各级审计机关积极推进审计信息公开，对审计结果进行持续公告，推动审计结果实践不断深化。"以公开为原则，保密为例外"的政府透明度理念在我国的审计结果公告实践方面日益得到充分的体现。审计结果公告的数量逐年增多，审计对象涉及的领域也越来越广泛，涉及年度预算执行和财政收支情况，中央企业集团的财务收支情况、金融机构资产负债损益情况，工程建设、固定资产投资、专项资金等审计工作。通过审查、评价和报告政府责任履行情况，督促政府有效履行公共受托责任。

审计结果公告是政府信息公开、审计信息披露的重要载体。通过审计结果公告，促进了政府政务公开，提高了政务信息的透明度，改进了政府的行政效能；社会公众在阅读审计结果公告的过程中，获悉了更多的审计信息，降低了政府和社会公众的信息不对称程度，诱导社会公众参与监督，提高全社会对被审计单位和审计机关的监督，强化政府审计监督的政策效果，约束被审计单位的机会主义动机；扩大审计机关的影响力，增强执法力度，帮助审计部门建立声誉机制和竞争优势，提升政府审计质量；提高政府治理效率，建立权力运行规范、公开透明、高效协调的政府。然而，目前我国的审计结果公告制度还存在问题和不足，这将影响政府审计质量的进一步提升，不利于公共受托经济责任的全面有效履行。

为此，本书从审计结果公告的角度，通过探讨审计结果公告与政府审计质量之间的内在关系，分析审计结果公告如何作用政府审计质量，在提升政府审计质量的过程中发挥作用，提升政府审计质量水平。审计结果公告可以促进政府审计质量水平的提升，如何通过改革和完善审计结果公告来进一步提升政府审计质量是本书研究的核心问题。

围绕这一核心问题，本书以公共受托经济责任理论为基础，构建了审计结果公告作用政府审计质量的理论分析框架和政府审计质量的综合测量体系，探讨了审计结果公告在促进政府审计质量提升、保障地方政府公共受托经济责任履行中所发挥的作用，并从经验研究的角度，实证考察了政府审计质量提升对提高地方政府治理效率、防治腐败、促进地方经济发展的作用，扩展了审计结果公告作用政府审计质量的文献资料，创新了审计理论研究。

本书通过理论和实证分析表明，审计结果公告可以提升政府审计质量产生积极的作用和影响。审计结果公告通过提升政府审计质量水平，能够有效促进国家审计部门发挥国家治理的功能，不断改革和完善审计结果公告制度，实现政府审计质量水平的进一步提升。由于笔者能力有限，在一些具体问题的分析上还存在许多不足和欠缺之处，需要在今后的研究中进一步完善和修正，希望广大同仁和读者真诚赐教。

韩梅芳

2021 年 6 月

目　录

第一章

导　论

一、研究背景与研究意义

（一）研究背景

近年来，国家不断强化公民权利，控制公共权力，努力推进民主法治，促进社会公众参与政治，提升公民在国家治理中的地位。在权力监督和惩治腐败的过程中，政府信息公开和政府审计监督作为推进民主政治进程和规范公共权力运行的两种方式，受到了党和国家的高度重视。为保障公民依法获取政府信息，提高政府工作的透明度，促进依法行政，2007 年出台了《中华人民共和国政府信息公开条例》，要求政府信息公开工作主管部门和监察机关负责对政府信息公开的实施情况进行监督检查，公布政府信息公开工作年度报告。2011年正式实施的《中华人民共和国国家审计准则》提出，审计机关的主要工作目标是通过监督被审计单位财政收支、财务收支以及有关经济活动的真实性、合法性、效益性，维护国家经济安全，推进民主法治，促进廉政建设，保障国家经济和社会健康发展。

政府审计作为一种特殊的经济控制机制，其本质目标就是保障和促进公共受托经济责任的全面有效履行（蔡春，2009）。服务于权力监督和国家治理的政府审计质量水平因此成为了政府审计领域研究的核心和焦点问题。

1986年，世界审计组织（INTOSAI）提出，质量是所有从事审计工作的组织都需要遵守的责任。1990年，联合国编撰了工作手册，用以指导如何在政府审计工作中提高政府审计质量。2000年，我国审计署发布了《审计机关审计项目质量检查暂行规定》，强调审计机关要加强对审计项目的质量评估和考察。2003年，审计署印发了《审计署2003至2007年审计工作发展规划》，强调审计质量控制在审计工作中的重要地位。2010年，《世界审计组织战略规划（2011–2016）》要求各国最高审计机关在坚定反腐、加强问责、促进透明、强化良治方面不断努力，以发挥各国最高审计机关在国家治理中的重要作用。2014年，国务院出台《关于加强审计工作的意见》，指出要强化审计的监督作用，完善审计工作机制，狠抓整改落实，加强审计执行效果，提升政府审计质量水平。2015年，审计署印发了《关于进一步加大审计力度促进稳增长等政策措施落实的意见》，再次重申了各级审计机关要加强项目组织实施，明确和落实政府审计质量控制责任，对于存在严重政府审计质量问题的，要严肃追责问责。习近平总书记在中央审计委员会工作会议上强调，审计是党和国家监督体系的重要组成部分，要完善权力配置和运行制约机制，促进权力规范运行，加快推进国家治理体系和治理能力现代化建设。

大力提升政府审计质量的意义在于，政府审计是国家八大监督体系之一，是国家治理的重要组成部分。高水平的政府审计质量更有利于保障国家经济安全，有效监督公权力的运行，防治腐败，维护社会公众的集体利益，提高政府治理效率，促进地方经济发展。政府审计促进经济发展的作用主要是通过监控政府有效履行其公共受托经济责任来实现的。

政府审计功能和作用的发挥离不开高水平的政府审计质量。

审计质量关乎审计的声誉，是审计工作的生命线。对于政府审计而言，审计工作的重心在于对被审计单位经济活动的真实性、合法性和效益情况发表意见，并根据审计结果发表审计处理意见（张琼方，2011）。不仅要及时发现违规违纪问题，还要能够及时客观地报告和反映这些问题，并对这些违规违纪问题予以处罚和纠正。为此，审计机关通过提高审计人员的专业能力，激励审计人员积极发现问题、查处问题等一系列措施来提升政府审计质量水平。随着公众民主意识以及政府自身对提高财政管理和执政能力需求的不断增强，为提高政府工作的透明度，2003年，审计署对外公布了第一份审计结果公告，为开展政府审计质量研究提供了重要依据。审计署和各级审计机关积极推进审计信息公开，对审计结果进行持续公告，推动审计结果实践不断深化。以"公开为原则，保密为例外"的政府透明度理念在我国的审计结果公告实践方面日益取得充分的体现。审计结果公告的数量逐年增多，审计对象涉及的领域也越来越广泛，涉及年度预算执行和财政收支情况、中央企业集团的财务收支情况、金融机构资产负债损益情况、工程建设、固定资产投资、专项资金等审计工作。通过审查、评价和报告政府责任履行情况，督促政府有效履行了公共受托经济责任。

审计结果公告是政府信息公开、审计信息披露的重要载体。通过审计结果公告，促进了政府政务公开，提高了政务信息的透明度，改进了政府的行政效能；社会公众在阅读审计结果公告的过程中，获悉了更多的审计信息，降低了政府和社会公众的信息不对称程度，诱导社会公众参与监督，提高全社会对被审计单位和审计机关的监督，强化政府审计监督的政策效果，约束被审计单位的机会主义动机；扩大审计机关的影响力，增强执法力度，帮助审计部门建立声誉机制和竞争优势，提升政府审计质量；提高政府治理效率，建立权力运行规范、公开透明、高效协调的政府。然而，目前我国的审计结果公告制度还存在问题和不足，审计结果公告不及时，公告内容审计信息含量有限，对所描述的审计项目含糊不清或泛泛而谈，没有针对性①。这将影响政府审计质量的进一步提升，不利于公共受托经济责任的全面有效履行。

为此，本书从审计结果公告的角度，通过探讨审计结果公告与政府审计质量之间的内在关系，分析审计结果公告如何作用政府审计质量，在提升政府审计质量的过程中发挥作用，提升政府审计质量水平。审计结果公告可以促进政府审计质量水平的提升，如何通过改革和完善审计结果公告来进一步提升政府审计质量是本书研究的核心问题。

围绕这一核心问题，本书以公共受托经济责任理论为基础，构建了审计结果公告作用政府审计质量的理论分析框架和政府审计质量的综合测量体系，探讨了审计结果公告在促进政府审计质量提升、保障地方政府公共受托经济责任

---

① 2008年6月，审计结果公告《国有土地使用权出让金审计调查结果》因公告对审计调查结果的内容概括不清晰，受到了社会舆论的广泛批评，影响了政府审计功能的发挥。

履行中所发挥的作用，并从经验研究的角度，实证考察了政府审计质量提升对提高地方政府治理效率、防治腐败、促进地方经济发展的作用，扩展审计结果公告作用政府审计质量的文献资料，创新了审计理论研究。

（二）研究意义

本书的研究具有一定的理论意义和现实意义。

1. 理论意义

本书的理论意义主要体现在以下两个方面：

（1）研究丰富和深化了政府审计理论的相关研究。政府审计质量是政府审计工作的生命，关系着审计功能的发挥，具有重要地位。改革和完善审计结果公告制度是政府审计质量进一步提升的重要途径和方式。审计结果公告不仅可以用来反映政府审计质量的高低，还可以在提升政府审计质量的过程中发挥重要的作用。该研究将有助于审计功能更加充分地发挥，有助于完善审计结果公告制度和促进政府审计质量的提高。

（2）扩展审计结果公告的效果理论，为国家审计与国家治理理论提供证据。本书构建了基于审计结果公告的政府审计质量及其经济后果的理论分析框架，对政府审计质量的内涵进行了重新界定，探讨了审计结果公告与政府审计质量之间的内在关系，从理论层面分析了审计结果公告在促进政府审计质量提升中的作用和影响，及其在国家治理中的功能发挥，强化了提升政府审计质量水平的意义，以及改革和完善审计结果公告制度的作用和意义。

2. 现实意义

本书的现实意义主要体现在以下五个方面：

（1）审计结果公告是提高政府信息透明度，满足社会公众需求和期望的有力保障。在权力监督和惩治腐败的过程中，政府信息公开和政府审计监督是推进民主政治、规范公权力运行的重要方式。作为审计结果的直接和重要载体，分析审计结果公告能够提升政府审计质量的作用和影响力，有利于明确政府审计质量提升的作用路径，更好地推行民主政治，满足公民的知情权，监督公权力的有效运行。

（2）改革和完善审计结果公告制度是推进政府审计质量提升的有效途径。本书主要围绕审计结果公告提升政府审计质量的实现路径这一核心问题展开，阐述了审计结果公告在提升政府审计质量过程中的功能和作用，为审计功能的充分发挥提供了现实依据，为审计结果公告制度的改革和完善提供了参考依据。

（3）提升政府审计质量水平是保障和促进政府公共受托经济责任全面有效履行、提高政府治理效率的重要手段。本书的研究有助于拓展人们对政府审计监督机制在经济发展中所发挥作用的认识，有助于深化人们对高质量的政府审计具有国家治理功能这一重要论断的理解。此外，还对当前推进国家治理体系和治理能力的现代化以及促进经济体制的改革和经济发展方式的转变具有一定的启示意义。

（4）为未来实行强制性审计结果公告制度提供了政策参考。服务于权力监督和国家治理的政府审计在推行民主政治的进程中，积极建立审计结果公告制度，持续对外公开审计结果。出于种种原因，目前的审计结果公告带有任意性自由裁量行为，审计结果公告是审计机关的权利而非义务[1][2]。本书通过理论分析和实证检验，明确了审计结果公告在提升政府审计质量过程中的重要意义，以及对政府审计质量提升所产生的经济后果的有力促进作用，强调建立科学、公开的决策程序，加强地方审计结果公告公开力度的必要性。

（5）构建政府审计质量的测量评价体系，为开展政府审计质量评估提供参考依据。

---

[1] 张立民，聂新军. 构建和谐社会下的政府审计结果公告制度——基于政府审计信息产权视角分析［J］. 审计研究，2006（2）：7－13.

[2] 《中华人民共和国审计法》第三十六条规定：审计机关可以向政府有关部门通报或者向社会公布审计结果。

二、研究目的和主要内容

（一）研究目的

本书的研究目的主要包括以下三个方面：

第一，基于公共受托经济责任理论，构建审计结果公告、政府审计质量及其经济后果的分析框架，探讨审计结果公告在促进政府审计质量提升中的作用和意义。党的十九届四中全会提出要完善权力运行机制，发挥审计监督作用，对政府审计质量水平提出了更高的要求。如何提升政府审计质量水平是本书所要研究的目的之一。

第二，政府审计质量的本质在于审计功能的实现。基于审计三大功能的作用发挥，探讨提升政府审计质量的实现路径，利用地方政府的数据，运用因子分析法构建政府审计质量的综合评价指标，这是本书所要研究的目的之二。

第三，在理论分析的基础上，对审计结果公告提升政府审计质量水平以及政府审计质量提升改善地方政府治理效率进行实证分析，扩展审计结果公告的效果理论，探讨如何改革和完善审计结果公告制度，此为本书的研究目的之三。

（二）主要内容

本书分为八章内容进行分析和研究：

第一章，导论。该章是本书的统领章，主要内容包括本书的研究背景和研究意义。在此基础上，阐述本书的研究目的、研究内容、研究的整体思路和研究框架设计，提出本书在研究中的预期创新点。本章共分四个小节，总领全文。

第二章，文献综述。结合第一章的研究思路和研究内容，本章主要从政府审计质量研究、审计结果公告与政府审计质量，以及政府审计与国家治理三个方面展开文献的归纳和整理。具体包括政府审计质量的内涵界定、政府审计质量的度量指标和政府审计质量的影响因素研究，以及审计结果公告作用和影响政府审计质量的研究。最后，对以上文献进行评述。

第三章，审计结果公告提升政府审计质量的理论分析。本章共分为审计结果公告与政府审计质量的内在联系、审计结果公告提升政府审计质量的理论基础、提升政府审计质量和地方政府治理效率的作用机制以及审计结果公告提升政府审计质量的实现路径四个部分的内容。首先，审计结果公告与政府审计质量的内在联系主要是对本书研究的基本概念进行界定，包括什么是政府审计质量，审计结果公告与政府审计质量的内在关系，政府审计质量与地方治理效率的关系。其次，理论基础部分主要从受托经济责任理论、知情权理论、信号传递理论、委托代理理论、公共选择理论和政府绩效管理理论六个方面讨论审计结果公告如何作用政府审计质量。再次，从理论上分析提升政府审计质量的经济后果——改善地方政府治理效率的意义和作用，构建审计结果公告、政府审计质量和地方政府治理效率的分析框架。最后，对如何通过审计结果公告提升政府审计质量的实现路径进行阐述。

第四章，政府审计质量测量体系的构建。结合第三章的理论分析及其对政府审计质量内涵的界定和描述，如何衡量政府审计质量是本章重点讨论的问题。本章对建立政府审计质量测量体系的重要性进行阐述。在对其重要性进行分析的基础上，分别从审计的三大功能——揭示功能、抵御功能和预防功能实现的角度分析审计结果公告如何促进审计功能的实现。政府审计质量的本质在于审计功能的实现，本书运用因子分析法，从反映政府审计揭示质量、抵御质量和预防质量三个维度构建政府审计质量的综合测量体系。并结合地方政府数据，构建衡量地方政府审计质量水平的理论模型，为后续章节开展实证分析奠定基础。

第五章，审计结果公告作用和影响政府审计质量的实证分析。本章的分析建立在审计结果公告作用政府审计质量的理论分析和政府审计质量测量体系构建的基础之上。首先，本章对审计结果公告的内容进行了分析，按照审计对象的不同对地方审计机关的审计结果公告进行了分类讨论和描述性统计分析。其次，利用省级面板数据，对审计结果公告提升政府审计质量进行了回归分析。在回归分析中，分别考察了审计结果公告在数量规模、公告力度和内容翔实度三个方面对地方政府审计质量综合指标，以及地方政府审计揭示质量、抵御质量和预防质量四个维度的作用和影响。最后，采用调查问卷的形式，考察社会公众对部分地方政府审计质量水平的满意度和信任度。

第六章，提升政府审计质量的经济后果分析。在第五章中，实证分析发现，审计结果公告能够有效促进政府审计质量水平的提升。本章在该分析的基础上，分析了提升政府审计质量水平的经济后果，明确和强调了不断提升政府审计质量水平的意义和作用。为第七章深入探讨如何改革和完善审计结果公告奠定了基础，为大力发展审计结果公告制度提供了数据支撑，为政府审计具有国家治理功能这一重要论断提供了经验证据。深化审计结果公告作用政府审计质量的现实意义。本章主要利用地方政府的数据，实证考察了提高政府审计质量水平有利于提升地方政府的行政治理效率，有效治理腐败的问题。并按照地方政府是否对外公开审计结果公告进行分组讨论，进一步分析，审计结果公告有助于提高政府审计促进地方政府治理效率的作用效果和影响力。

第七章，改革和完善审计结果公告。第三章的理论分析构建了审计结果公告、政府审计质量与地方政府治理效率的分析框架，从理论层面阐述了审计结果公告在促进政府审计质量提升中的作用和地位。第五章和第六章的实证分析，从经验证据层面验证了审计结果公告应该并且能够在提升政府审计质量水平中发挥作用，并从提升政府审计质量水平的经济后果的研究中进一步明确了审计结果公告的意义和作用。结合实证分析中发现的审计结果公告制度存在的不足和缺陷，本章重点探讨了审计结果公告的改革和完善方法，主要从强化审计机关的运行机制，完善审计结果公告的问责制度，加大地方审计结果公告的公开力度，改革审计结果公告的报告形式，完善相关法律法规的制度建设五个方面展开分析，以期实现政府审计质量的提升。

第八章，研究结论与展望。本章是全书的结尾章，主要是对全书的研究结论进行总结，提出本书研究的不足之处，以及未来可以深入开展的研究方向。

在研究的过程中，为了得到研究目标，得到可靠的研究结论。本书在研究审计结果公告对政府审计质量的影响过程中，综合运用了规范研究方法和实证分析方法。规范研究法主要运用于文章整体思路框架的搭建和设计，系统归纳和整理了有关审计结果公告与政府审计质量的文献资料，在审计结果公告与政府审计质量的理论分析方面，详细地阐述和分析了审计结果公告影响政府审计质量的功能定位、作用机制和实现路径。实证分析法在规范研究、逻辑演绎的基础上，利用实证数据进行实证检验。通过问卷调查、实地调研、档案式研究等方法，结合面板数据，多元回归模型等计量方法获取经验证据。

三、研究思路和研究框架

（一）研究思路

审计结果公告是提高政府信息透明度、满足社会公众需求和期望的有力保障。审计结果公告作为反映政府审计结果的重要载体，有效促进了政府审计质量水平的提升，保障和促进了政府公共受托经济责任的全面有效履行。在权力监督和惩治腐败的过程中，政府信息公开和政府审计监督成为了推进民主政治和规范公权力运行的重要方式。

理论分析指出，审计是一种特殊的经济控制机制，国家对公民的公共受托经济责任主要是通过政府的有效履职来实现的。国家和政府有责任和义务向委托方——社会公众报告履责情况，保障社会公众的知情权。作为独立监管的第三方，审计机关通过审计结果公告披露政府信息，传递审计质量信号。在社会公众的监督下，提高全社会对被审计单位和审计机关的监督，抑制受托方消极履责、不作为、慢作为，权力滥用，寻租腐败等行为，追求高水平的政府审计质量以提高政府审计的影响力，获取社会公众的信任，降低治理成本。

在理论分析的基础上，构建审计结果公告作用政府审计质量及其经济后果的理论分析框架。从理论层面阐释提升政府审计质量的意义，以及改革和完善审计结果公告的必要性和重要性；并通过审计三大功能的有效发挥来分析审计结果公告作用政府审计质量的实现路径，构建政府审计质量水平的综合测量指标；建立模型，实证检验审计结果公告如何促进政府审计质量的提升，以及扩大政府审计质量提升在国家治理中的作用效果；结合经验数据，提出改革和完善审计结果公告的政策建议。

本书的研究思路如图1-1所示：

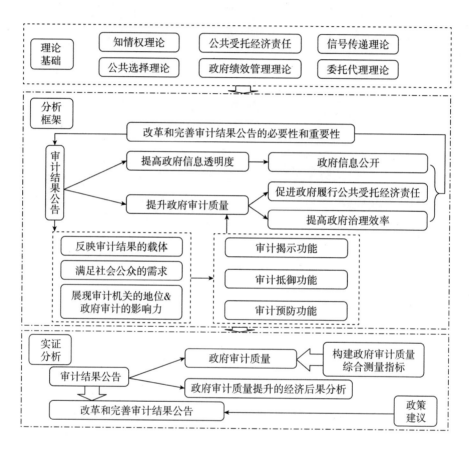

图1-1　本书的研究思路

（二）研究框架

本书的研究框架如图1-2所示：

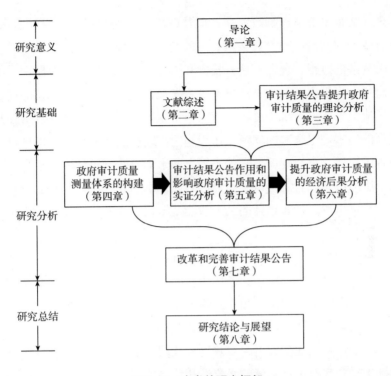

图 1 – 2　本书的研究框架

四、研究的创新点

在对相关文献进行归纳总结的基础上，本书拟从以下几点实现研究的创新：

第一，构建审计结果公告提升政府审计质量的理论分析框架。通过该理论分析框架，系统地对审计结果公告作用政府审计质量的内在关系、理论基础和实现路径进行分析。从理论层面论证审计结果公告不仅是影响和反映政府审计质量的关键因素，而且可以在提升政府审计质量水平的过程中发挥作用和功效。

第二，构建政府审计质量的综合测量体系。政府审计质量的本质在于审计功能的充分体现和发挥，而审计功能的有效发挥有赖于审计效果的评价和测量手段。现有文献主要从影响政府审计质量的因素方面探讨政府审计质量问题，在关注自变量的同时，很少有文献关注因变量的衡量方式。政府审计质量的衡量是一个复杂的过程，包含发现、报告和处理违纪违法问题三个层面。衡量政府审计质量，不仅应该关注审计机关是否发现、报告了被审计单位的违法违纪问题，还应该关注审计机关是否履行了纠正职责。而目前的实证分析多从审计机关查处的违规违纪金额的规模、违规违纪问题资金的处理率、审计机关提交审计报告的规模、审计建议被采纳率等方面来衡量政府审计质量水平，并未真正从三个层面进行综合的分析和考量。因此，本书尝试从最基本的政府审计质量的概念界定出发，结合审计的三大功能，构建综合测量体系，以全面反映政府审计质量水平。

第三，探索性地对审计结果公告作用政府审计质量及其经济后果进行实证分析，为改革和完善审计结果公告作用政府审计质量提供经验证据。有关审计结果公告作用政府审计质量的相关文献较少，从实证角度分析两者的关联性和作用关系的文献更为缺乏。本书探索性地对审计结果公告作用政府审计质量进行了实证分析，并在此基础上，对政府审计质量水平提升的经济后果进行了探讨，明确了提升政府审计质量的必要性和重要性，以及改革和完善审计结果公告的意义，为改革和完善审计结果公告以促进政府审计质量进一步提升提供了政策建议，也为未来实行强制性审计结果公告制度提供了政策参考。

第二章

文献综述

政府审计质量是审计工作的重心，对提高政府审计工作水平，降低政府和社会公众的委托代理成本，监督被审计单位有效履行受托经济责任具有重要意义。分析政府审计质量的影响因素，探讨如何提升政府审计质量成为了理论界和实务界关注的焦点，受到了广泛的关注。随着社会的不断进步，国家在推行社会民主化的进程中，公民的权利不断地被强化，公众参与民主政治的意识也越来越强烈，对审计工作和审计信息的关注度和需求度也越来越高，在审计发挥监督和治理作用的大背景下，审计结果公告制度的出台为研究政府审计质量提供了新的视角。审计结果公告可以公开审计结果，降低审计合谋，约束和规范审计行为，促进政府审计质量提升。基于此，审计结果公告在研究政府审计质量的相关问题中受到了很多学者的关注。从已有文献来看，学者们常常把审计结果公告作为政府审计质量的衡量指标和影响因素来研究政府审计质量。接下来，本书将结合审计结果公告与政府审计质量的研究对有关文献资料进行梳理和分析。明确当前政府审计质量的研究现状与审计结果公告在审计监督和治理制度框架下的一般功能，为本书研究审计结果公告作用和影响政府审计质量奠定了基础。

一、审计质量研究

明确审计质量的内涵是研究审计质量的前提和基础，实现审计质量的度量是研究审计质量的核心和关键。本节对审计质量这一核心概念的提出、演化和发展，以及审计质量的衡量和影响因素等方面的文献资料进行了梳理和分析。

（一）审计质量与政府审计质量

质量一直以来都是人们关注的焦点。对于质量的论述，学者们的研究大体上分为三类。第一类是将其质量定义为是否符合自身特征的要求。符合要求则表示该产品或服务具备相应的质量。第二类则主要从需求方的视角展开，满足公众的需求和期望则表示具备相应的质量。第三类则是对前两类的综合和总结，兼顾供给方和需求方，共同考察产品或者服务是否具备相应的质量。

学术界和实务界针对审计质量的问题开展了较为丰富的讨论。在学术界，审计质量被从不同的角度进行了全方位的解读，也因此得到了很多有关审计质量的界定（Watkins William and Morecroft，2004）。DeAngelo（1981）提出，审计质量是审计师从客户财务报告中发现错误并且报告错误的联合概率。该定义既强调了审计师在其中发挥专业技能的重要性，又突出了审计师发现错误并报告错误的审计独立性。两者缺一不可，缺少任何一方都会造成审计质量的下降。该定义也被理论界和实务界公认为是首次完整地对审计质量作出的定义。O'Keefe 和 Westort（1992）与 DeAngelo（1981）将审计质量分为事前审计质量和事后审计质量两个方面。前者的主要关注点在于审计师发现财务报告存在重大差错的可能性，后者的关注点则在于强调会计师事务所报告重大差错的可能性。在 DeAngelo（1981）定义的审计质量的基础上，王文博（1991）认为，审计质量取决于两个方面：审计成果的质量和审计工作的质量。审计工作质量水平的高低会对审计成果的质量产生直接性的影响。Sutton（1993）把报表使用者、审计师和委托方在审计市场中的内在矛盾考虑进去，认为审计质量是审计过程中执行情况与审计标准的吻合程度以及报表使用者对已审计的财务报表的信任程度，包含过程政府审计质量和结果政府审计质量。

以上文献主要是对社会审计质量水平的定义和描述。在此基础上，不少学者也对政府审计质量的内涵界定进行了研究和探讨。Raman 和 Wilson（1994）认为，政府审计质量应该从三个方面进行界定：第一，审计人员是否具有专业胜任能力，主要看审计人员对实施审计过程中的审计准则和程序是否了解；第二，审计人员在审计过程中是否努力控制和降低审计的风险；第三，审计人员是否及时、完整、客观地将已经发现的违规问题予以报告。但政府审计与社会审计不同，政府审计质量不仅应该包含发现问题、报告问题的概率，还应该包含纠正问题的概率（赵劲松，2005）。王跃堂和黄溶冰（2008）提出，政府审计质量包含发现问题、报告问题和及时处理违规违纪问题。

与学术界对政府审计质量的定义不同，实务界则主要关注审计机关和审计人员遵守审计准则和程序的程度，认为政府审计质量与遵守审计准则密切相关（O'Keefe King and Gaver，1994）。Hardiman（1987）及 Brown 和 Raghunandan（1995）在文中将政府审计质量定义为审计师遵循审计职业规范和准则的程度。Aldhizer（1995）、Tie（1999）、Krishnan 和 Schauer（2001）也先后强调了政府审计质量是审计过程和审计标准相一致的程度。O'Keefe 等（1994）则指出，与理论界更多关注审计发现违规问题、报告违规问题、纠正违规问题的联合概率不同，实务界则通常把政府审计质量定义为审计准则的遵循程度。遵循审计准则的核心在于设计合适的审计执行程序，构建规范的审计工作控制体系，以确保审计人员在体系规范范围内行事，严格遵守审计准则，保证政府审计质量。

（二）政府审计质量的度量

Copley 和 Doucet（1983）指出，DeAngelo 对于政府审计质量的定义尽管具有开创性，但定义中涉及的联合概率问题却难以度量。其不可观测性导致政府审计质量的衡量成为实务界的一大难题。刘峰（2007）指出，造成政府审计质量难以直接度量的原因在于审计的投入、实施审计的过程、审计人员努力工作的程度、审计结果报告的规范化程度以及审计的独立性不易从外部直接观测得到。基于此，学者们纷纷开始寻找间接替代指标，用以衡量政府审计质量水平。

对于审计质量的不同定义，总结起来主要是从审计过程和审计结果两个方面进行考察，审计过程质量强调审计方法的运用、审计人员的胜任能力和程序的质量。审计结果质量通过审计结果公告和审计报告的质量来体现。本书从审计程序观和结果观的角度对衡量政府审计质量水平的文献进行了归纳和总结：

1. 基于程序观的政府审计质量度量

Herbert 曾提出，人是有限理性的思想，并区分了程序理性和结果理性①。体现在审计质量中就是程序观和结果观。程序观主要强调对审计过程的控制，要求审计人员提高审计胜任能力，在审计工作过程中严格遵守审计准则。过程的质量得到了保障，结果自然符合既定要求。

（1）审计人员的投入。李金华（2003）将我国审计人员的占比与政府审计量进行了对比分析，发现我国审计人员工作繁重，影响了政府审计质量。张庆龙（2005）研究了以审计人员的投入量作为政府审计质量的度量指标。审计部门有充足的审计人员开展审计调查项目，足以保障政府审计质量的充分体现。研究结果显示，当审计人员的投入量与被审计的项目数量比过低时，不利于审计功能的发挥。宋夏云（2008）也对我国审计人员的投入量进行了讨论，文章以财政总收入占审计人员的比例来表示审计人员的投入量，结果发现，我国审计人员的投入量增长不足，造成了财政监督的巨大压力。赵保卿等（2010）从审计人员投入量中的人员结构角度展开分析，研究指出，审计队伍中人员结构不合理，地方审计部门大批在编人员均为非审计专业人员，并没有从事审计工作。这造成了一线审计人员投入量的严重不足，对审计功能的发挥产生了较大的阻力。

（2）审计人员的独立性。政府审计质量水平的高低受限于审计人员的规模。审计人员的独立性问题也是决定政府审计质量高低的重要度量指标。《利马宣言》指出，最高审计机关的独立性与其人员的独立性不可分割。美国政府问责办公室（GAO）在《政府审计准则》中强调，与审计工作、审计组织和审计人员个体有关的所有事务都应保持独立。

（3）审计人员的专业能力。审计人员的审计专业能力是测量政府审计质量的指标之一。具有审计专业背景的审计人员熟悉审计准则，清楚审计程序，能够在审计岗位上充分发挥专业特长，在实施审计的过程中更容易发现和查处违规问题，提高概率。Jensen 和 Payne（2005）将政府审计质量的衡量标准用审计人员的专业胜任能力来代替，以分析政府审计质量、审计的支出和政府采

---

① Simon H. A. Rationality as Process and as Product of Thought ［J］. American Economic Association，1978，68（2）：1 – 16.

购 3 个变量间的内在关联性。研究发现，高政府审计质量提升了政府采购的质量，审计支出也比政府审计质量较低的地区有显著的节省。这说明地方审计组织机构中具备审计专长的审计人员越多，政府审计质量越好，越有助于审计监督功能的发挥。叶子荣和马东山（2012）以审计人员的综合素质来替代政府审计质量。黄莺（2009）采用问卷调查的方式考察了审计人才的测评体系，为评估审计人员的专业胜任能力和职业关注程度提供了参考标准。在地方审计机关中，一线的审计人员不论是在年龄结构还是在行业专长方面都存在不足和落后。这一现象对政府审计质量的提升具有负面影响。如果不提升审计人员的专业能力，即便加大审计人员的规模和经费的投入，也会出现效率低下、政府审计质量难以提升的困局（赵保卿、盛君和姚长存，2010）。宋艳（2011）在此研究的基础上，将审计人员的专业胜任能力进行了细分，从分析判断力、计划执行力、整合资源能力、思维严谨能力等方面进行了评判打分，寻找审计人员专业胜任能力方面的不足及其对审计成果的影响；还在此细化专业胜任能力的基础上，将这些能力的差异性与审计人员的经验、学历进行对比，分析其中是否存在显著影响和相关性。

Samelson 等（2006）以调查问卷的形式采访了三百多名当地的财政官员，通过填写问卷调查，询问其在测量政府审计质量过程中应该考虑和关注的方面。通过对调查问卷的分析，发现被访谈的财政官员认为审计人员的专业能力、独立性、执业道德水平以及对所审查的组织内控系统的熟悉程度是实施审计并保证政府审计质量的几个重要方面，为开展有关政府审计质量的实证研究提供了一手的资料和度量指标参考。

（4）审计经费的投入。审计经费的投入是保障审计工作顺利进行的重要条件。没有审计经费的支持，审计工作的开展就缺少了必要的物质保障，对审计人员积极发现和查处被审计单位的违规违纪问题就缺少了激励作用，政府审计质量自然无法得到保障。Marks 等（1987）以州政府审计预算数作为衡量政府审计质量的连续变量。Copley（1991）则在此基础上对政府审计的预算规模与政府审计的支出水平进行了回归，将两者的残差值作为政府审计质量的度量指标。我国学者则较少将政府审计经费的投入规模作为政府审计质量的替代变量，其原因主要在于采用该替代指标所能获取的数据量比较低。

（5）遵循审计准则的程度。遵循审计准则的程度是审计质量控制过程中的重要因素。美国注册会计师协会（AICPA）就曾针对这一问题展开了一系列深入的研究。通过对审计实施过程进行实地考察，发现有近 1/3 的审计工作未能充分地遵循审计准则，而在这近 1/3 的审计工作中又有接近一半的审计工作偏离审计准则的程度较高。政府审计报告中的审计结果并没有辅以系统充分的审计证据。在对各级审计人员的随机抽查中发现，审计人员在审计工作中存在不少的错报问题。O'Keefe 等（1992）将第三方社会审计对地方政府审计工作的质量评价结果作为政府审计质量的评价标准。白日玲（2009）将审计人员是否在遵循审计准则的条件下发现重大违规违纪问题，是否通过审计行为真正规范了被审计单位的行为作为政府审计质量的替代标量，讨论了对被审计单位绩效的影响。

项荣（2007）以审计署驻地方办事处 2000～2004 年的审计项目为样本，分析了项目异地交叉审计力度与执行效果之间的关系，研究发现一味提高异地交叉审计的程度并不会带来良好的审计执行效果，本地环境也并非总是给审计独立性造成负面影响。审计执行效果的良好发挥需要异地交叉审计力度保持在合适的水平上。Mark（2008）以各州政府的业绩高低为政府审计质量的替代变量，检验赋予不同权利的审计人员与改善政府业绩之间是否存在相关性，研究结果显示，审计方法和技术的有用性与政府审计质量具有显著的相关性。王芳（2009）的研究以审计署评选的优秀审计项目为研究对象，选择评选优秀项目中的部分标准作为测量政府审计质量的工具。审计机构提交的审计建议被接受和采纳率也成为了衡量政府审计质量的指标。

2. 基于结果观的政府审计质量度量

结果观认为，审计结果是否符合目标性才是最关键的。政府审计质量可以以审计报告的结果来衡量。如果审计报告被认定为结论不充分，或者审计机关出具的审计结果和下达的审计决议书需要进行重大的调整，说明政府审计质量本身存在缺陷和问题，政府审计质量需要进一步提升。

（1）审计报告。Copley（1991）用美国劳工部监察长办公室（OIG）对地方政府审计工作的质量评价结果来衡量政府审计质量。Brown（1995）以审计人员参与审计项目的质量控制检查结果为衡量的标准。马曙光（2009）以审计署驻地方特派办提交报告的被采纳数量为衡量政府审计质量的指标，研究其对地方财政收支的影响。欧阳华生（2007）以审计署公布的审计结果公告为研究对象，对公告中涉及的财政资金专项审计项目进行了分析，以此来衡量政府审计质量。研究发现，在 2003～2006 年审计署所公布的审计结果公告中，每年都涉及有关财政资金违规项目的审计，审计查处财政资金因挤占、截留、挪用和超支等违规问题的力度不断增强。研究发现，财政资金违规问题并没有得到很好的遏制，政府审计质量还有待进一步提高。陈尘肇等（2009）以各级审计机关公布的审计结果公告数量占审计系统总报告的比例来衡量政府审计质量。从 2003～2007 年的统计结果来看，审计结果公告规模较小，所占比重较低，审计信息的反映和披露力度严重不足。这样一来，公众监督审计工作的合规性将无法有效实施，缺少了公众的监督，审计机构和审计人员自身的工作质量便会受到影响，最终表现为政府审计质量不高。

史宁安等（2006）从社会公众对政府审计质量的主观感知角度展开研究，通过对公开性的审计报告内容和形式上的评判来反映政府审计质量的高与低，判断政府和审计机构是否高效地开展工作，提供的审计信息是否可信。以社会公众对政府审计质量的满意度和信任度来衡量政府审计质量水平。陈尘肇等（2009）对审计署科研协助课题中与研究对象相关的 13 个问题进行研究，通过公众对审计结果和审计报告的描述来分析公众对其的印象和主观满意度，内容涉及公众对审计结果的关注度，对审计公告公布内容真实性的信任度，对审计报告所描述内容的理解程度，对审计报告所描述内容的需求度，以及关注度和信任度低的原因。研究发现，公众对于政府审计质量的主观感知满意度并不高，其中一个重要的原因就是公众对公开的审计信息不满意。

宋常等（2010）以政府审计信息公开为主题设计了相应的调查问卷，通过对政府机关、事务所、金融机构、高校、科研院所和企业中具有一定专业背景的人员的问卷调查发现，公众对公开的审计信息满意度不高。这主要是因为审计信息的及时性、客观性、完整性、清晰性、准确性和重要性不足，使公众感知到的政府审计质量还需要进一步的提升。基于此，本书构建了以这六个要素为主的政府审计质量评价体系，测量政府审计质量水平，具体包括审计结果是否及时产生，审计机构是否及时公布审计结果；审计结果公告陈述的事项是否符合客观事实，是否存在避重就轻、隐瞒事实真相的情况，公布的审计结果公告是否独立客观；审计结果公告对外公布的审计信息是否披露全面，审计结果是否披露充分，是否对审计意见进行披露，审计结果报告的内容是否完整，要素是否齐全；所呈现给公众的审计结果报告在文字表达上是否可理解；审计结果公告所描述和列示的数据准确度是否比较高，用于佐证审计结果的审计证据是否真实充分，逻辑是否严谨，易于得出审计结果；审计结果公告所披露和公布的审计信息是否满足公众的需求，是否为公众所期望获取的审计信息。

郑小荣（2012）从社会公众对政府审计质量的期望角度出发，认为政府审计质量就是社会公众对审计结果公告功能的主观感知水平。从审计陈述、公众兴趣、维护公众利益、权力监督、满足知情权等方面构建政府审计质量评价体系，政府审计质量特征包含相关性、可理解性、可信性、及时性、透明度和信息含量六个方面。

（2）审计查处力度。吴联生（2002）在研究中提出了以各地方审计机关发现和查处的违规资金规模为政府审计质量的测量指标，并对地方审计机关和特派办的查处力度进行了对比分析。朱小平等（2004）以查处损失浪费金额和提高经济效益规模为衡量政府审计质量的指标。白日玲（2009）在审计部门查处违规资金的基础上，进一步深入研究，考察了审计人员在揭示和报告违规问题过程中的重要程度，并以此来衡量政府审计质量的高低。董延安等（2008）构建了基于审计检查力度和被审计单位纠正力度的指标体系，用来衡量政府审计质量，既包含了已查处违规资金规模占应查处违规资金规模的比例，又包含了审计实施后被审计单位纠正违规行为的类型、规模和比重。黄溶冰等（2010）也构建了类似的指标体系，以中国 31 个省级审计机关的审计效力和审计效果为研究对象，考察审计效力与审计效果之间的作用和影响，分别以审计人员发现违规问题并提出审计决断，处罚处理资金规模，移送审计案件数量，提交审计报告和审计建议来综合考虑政府审计质量，反映了政府审计质量水平的高低。其中，审计效力包含揭示效力和抵御效力，具体指审计机关发现审计单位违规问题的力度，将违规案件移送有关部门的力度，提出审计处罚和整改的力度。审计效果是审计效力的具体体现，主要包含向被审计单位出具审计结果、提出整改建议的问题纠正情况，向有关部门移送案件的处理情况，以及向相关组织提出的审计建议的采纳情况。体现政府审计质量不仅需要审计效力的充分发挥，还需要审计效果的充分展现。只有两者互相作用，共同发挥作用，才能真正促进政府审计质量的提升，体现出审计的监督和治理功能。韦德洪等（2010）通过考察财政资金的运行安全性来反映政府审计的效能，进而衡量政府审计质量，以2003～2007年《中国审计年鉴》中的省级审计机关的审计情况、审计案件的处理率、审计工作报告信息被批示采用率、问题金额处理率四个指标来反映政府审计质量的好坏。聂萍等（2012）认为，政府审计质量不应该仅仅依靠审计报告的质量加以衡量，还应该考虑审计结果的执行效果问题，以应该上交财政的金额、应该归还的渠道资金的金额、应该调账处理的资金金额、移送有关部门的人数、综合构建审计处理情况为衡量政府审计质量的替代变量。张立民等（2015）强调，政府审计质量的度量主要从政府审计的工作质量和结果质量两方面来进行，并在实证分析中采取检查、揭露和纠正力度三重指标来衡量政府审计质量，充分考虑政府审计在发现、报告和纠正违规违纪问题这三个环节中的作用和影响，以此来实现审计功能的有效发挥和拓展。

（三）政府审计质量影响因素研究

政府审计质量水平的高低反映和体现了审计工作水平的高低。政府审计质量水平受到诸多因素的影响，如制度背景、审计技术方法、审计人员素质（刘英来，2003），还包括审计的需求方和供给方对政府审计质量的影响（王芳，2009）。

1. 制度环境对政府审计质量的影响

Baker（1983）研究了监督需求对政府审计质量的影响。研究发现，政治竞争对政府审计质量具有显著的正向影响。Marks和Raman（1987）分析了当美国证券交易委员会（SEC）管制不足时，哪些因素会对政府审计质量造成影响。实证分析结果显示，政治竞争、审计机关以外的监督部门的监督能力、政治文化传统，以及政府会计信息披露程度都会对政府审计质量产生影响。Copley（1994）选取接受过联邦政府援助的审计项目为研究对象，构建联立方程组，分析审计需求对政府审计质量的影响。回归结果显示，审计需求通过审计费用影响政府审计质量。

吴联生等（2002）的研究发现，审计署和地方各级审计机关的隶属关系对政府审计质量具有显著的影响，隶属关系和制度体制的不同，造成了审计独立性的缺失。本书分别对地方审计机关和审计署驻地方特派办两种不同领导体制下的政府审计质量进行了差异性检验和分析。研究结果指出，审计独立性较强的审计署驻地方特派办在政府审计质量上明显优于独立性较差的地方审计机关的政府审计质量。

何力军（2007）的研究也表明导致我国政府审计质量与公众期望存在差异性的第一个原因是当前政府审计所采用的行政审计模式，由于审计的独立性匮乏，审计机关在实施审计的过程中容易受到政府行政体制和人为因素的干扰，导致审计机关发现和查处的审计单位的违规违纪问题在审计执行环节推行受到阻碍。第二个原因是整个审计监督体系尚不健全，尚未形成一个完整的内外部监督体系和制衡机制，审计人员的公权力得不到有效监督，影响了政府审计质量水平的提升。

王中信和吴开钱（2007）选取审计署发布的《审计署关于加强和改进"中管"企业审计管理的意见》为研究对象，详细分析了审计署驻地方特派办审计制度对政府审计质量的影响。在研究中，借助博弈论的研究范式，对政府审计质量的技术方式、独立性和行政性等进行了探讨。研究发现，审计署驻地方特派办结合中管企业制度可以有效降低企业发生违规行为的频率和程度。但是，在特派办固定联系中管企业制度实施一段时间后，基于技术性特征的政府审计质量的影响因素对提升政府审计质量的效应明显降低，独立性和行政性对政府审计质量的作用还出现了反转现象，对政府审计质量的提升产生了负面影响。

郑石桥等（2010）以政府审计机关所处的不同地位为研究视角，分别对政府审计署、审计署驻地方特派办、各省审计厅和各级审计机关在处理审计项目过程中的执行效率进行了对比分析，内容包括上缴财政的执行率、归还原渠道资金执行率、减少财政拨款的执行率、调整账项处理执行率四个方面。研究发现，各省审计厅的审计处理效率最高，审计署的执行效率最低，其主要原因在于行政管理模式和双重领导体制下出现的审计妥协问题。这说明审计制度背景和领导体制对政府审计质量产生了影响。

审计体制也是影响政府审计质量的因素之一。张立民等（2015）的研究指出，政府审计质量水平受到内外部多重因素的影响。

2. 审计结果公告对政府审计质量的影响

审计署原审计长李金华曾指出，政府审计质量需要通过审计工作的各个环节全面反映出来。审计报告是审计工作质量水平高低的体现。通过审计结果公告来揭示审计目标的有效程度，可以反映审计工作的优劣程度。审计报告的质量体现了审计人员的质量和审计过程的质量（张龙平，1997）。聂萍等（2012）以审计署 2002～2008 年的审计结果执行情况为研究对象，用移送案件处理率和被审计单位整改情况来反映审计结果的执行情况，分析其对政府审计质量的影响，结果发现，审计结果的执行力度是反映政府审计质量水平的影响因素，具有显著性；将审计查处问题和审计结果的执行效果进行量化处理，用以反映影响政府审计质量的因素，结果显示，审计处理情况对政府审计质量具有显著的正向影响。张红卫等（2010）指出，审计的外部监督功能和惩罚机制是保证政府审计质量的重要条件，而审计结果公告是审计机关发挥监督功能和惩罚机制的有力实施工具，通过审计结果公告对外公开审计事项和审计意见，披露被审计单位的违规问题。研究发现，审计工作过程中的揭露力度和纠偏力度越强，政府审计质量越好。

审计结果公告制度的不完善也是影响政府审计质量的重要因素之一（陈尘肇、孟卫东和朱如意，2009）。陈尘肇通过问卷调查的方式分析了公众对政府审计质量的主观感知满意度。从公众的角度来说，审计结果公告是信息弱势一方获取审计信息的重要窗口，而政府审计质量的好坏常常通过公众对审计结果公告的感官认识来评判。陈尘肇等（2009）的研究发现，公众对政府审计质量的评价不高，其原因在于公众对审计结果公告制度不满意。公众对审计结果公告内容的真实性存在质疑，不够信任；审计结果公告所描述的内容没有满足公众对所期望审计信息的需求；公众认为审计结果公告的发布不够及时，审计的独立性存在问题。审计报告是否符合规范会对政府审计质量产生影响。审计报告应该披露和列明审计调查事项、违规原因、违规金额、处罚意见和整改情况，将审计单位发现的问题进行量化，避免过多的定性化描述，误导社会公众（张龙平，2003）。宋常等（2010）也从社会公众对审计结果公告的认识层面展开研究，讨论了其对政府审计质量的影响。审计结果公告是反映和披露审计信息的载体。审计结果公告存在缺陷，会导致审计信息质量不高，而审计信息质量不高会导致公众对政府审计质量的评价不高。由此可见，从公众的视角来看，审计结果公告对政府审计质量具有重要的影响。

3. 审计的独立性对政府审计质量的影响

Deis 等（1992）通过建立线性随机变量和 Logit 模型，讨论了不同的雇佣方式对政府审计质量的影响，研究发现，立法任命和行政任命的审计人员在审计监督活动中展示的有效性不及通过选举产生的审计人员，因为选取产生的审计人员更具有独立性的特征。地方存在的行政干预、审计经费投入不充分等问题都会影响审计的独立性，阻碍审计功能的发挥，最终影响政府审计质量（高林，2002）。Friedberg（2005）的研究发现，组织形式的合理性可以提升审计人员的独立性。许百军（2008）的研究指出，审计独立性的关键点在于，实现审计人员的独立。审计人员的独立性主要是指审计长的独立性（地方各级审计机关主要负责人的独立性）和审计人员的独立性。审计长和地方审计机关主要负责人的独立性是审计独立性的核心和关键。

宋夏云（2007）通过问卷调查的方式考察了影响我国政府审计质量的影响因素，通过对回收的问卷进行分析和整理，发现在参与调查的被试者中有7成的人认为我国的行政模式和行政干预，以及审计人员的执业道德和责任意识影响了审计的独立性。王士红等（2012）也采用问卷调查方式对政府审计人员的心理契约、工作满意度与知识共享行为进行了分析，调查分析显示，审计人员的心理契约可以较好地激发审计人员的知识共享行为，也从心理上满足了工作的需求，提升了幸福感。另外，政府审计人员的工作满意度也在一定程度上激发了审计人员的知识共享行为。政府审计人员的工作满意度与审计机关的独立性有显著的正相关关系，审计人员受托责任的有效履行，代表着公众形式审计的监督权。独立性越强，审计人员工作的效率越高，从工作中得到的成就感也越高。当工作满足感上升到一定高度时，审计人员愿意分享知识的行为也会更加明显。这里对工作的满足感包括对工资薪酬的满足感，对职业晋升机会的满足感，对同事、上司的满足感以及对审计工作的热爱和认同。从这一逻辑关系可以看出，审计独立性发挥着至关重要的作用。但审计独立性往往因行政干预而遭受影响。叶子荣和马东山（2012）以公职人员的人均行政管理费用来衡量各省政府的审计独立性，以市场化指数来间接衡量地区的行政干预程度，研究发现，行政干预是影响地方审计独立性的主要因素。王芳等（2012）的研究发现，无论是否为交叉审计，其程序与政府审计质量并不存在显著的差异性。

4. 审计的供给、需求对政府审计质量的影响

张立民等（2006）以产权为研究视角，分析指出，社会公众是社会公共资源的所有者，政府工作报告和审计报告的信息产权同样也应该归属于社会公众。随着社会公众参与民主政治意识的增强，公众对审计信息的需求越来越强，期望审计机关披露被审计单位的审计调查结果。社会公众对审计信息的需求借助其对政府审计质量的要求和期望予以表达，从而对政府审计质量产生影响，并将这一需求和期望传递给审计信息的供给方。社会公众对政府审计质量的期望值往往会高于当前真实的政府审计质量水平。所以，当社会公众获取审计信息，并发现政府审计质量低于自身的预期时，会在主观上感觉到政府审计质量水平并不高。这一情况将督促审计信息的供给方加强审计信息的披露力度，提高政府审计质量，以满足社会公众的审计需求。赵保卿（2008）通过经济学中的供求均衡理论对政府审计质量进行了分析，分析指出，面对当前的审计结果公告供给不足的问题，应该从刺激审计结果公告的需求入手，建立有效的需求传导机制，以提高政府审计质量。

5. 审计技术方法、人员素质对政府审计质量的影响

赵劲松（2005）认为，技术性是影响政府审计质量的因素之一。政府审计人员的专业胜任能力体现了该技术性，具体来说包括审计人员对审计法规的掌握和熟悉程度，对宏观经济环境的了解情况，以及对自身行业知识的储备量。马曙光（2009）对审计人员的学历结构和审计经验进行了分析，结果显示，审计人员的学历越高，政府审计质量越好。具有相关审计工作经验的审计人员与政府审计质量显著正相关。而审计人员的专业背景提升政府审计质量的实证效果并不明显。王芳（2009）也对审计人员学历对政府审计质量的影响进行了实证分析，得出了与马曙光一致的结论。只有提高审计人员的专业判断能力和审计效率，才能够保证审计人员做出的审计结论更加真实和准确，政府审计质量水平才能更高。王芳还考察了审计任期对政府审计质量的影响。审计任期的延长可能会导致审计人员迁就公司管理层的决策，不独立发表审计意

见。这样一来，审计的独立性就受到了审计任期的影响，进而影响政府审计质量水平（Dei and Giroux，1992）。实务界也对此观点表示赞成，审计任期与政府审计质量呈负相关关系。而另一种观点则认为，随着审计任期的延长，审计人员对审计准则和审计程序如何更好地运用在审计工作中有了更多的经验和方法，发现违规违纪问题的概率会提升，政府审计质量自然也会提高（Ghosh and Moon，2005）。

6. 审计经费投入对政府审计质量的影响

代勇（2007）分析了审计经费投入规模对政府审计质量的影响，研究指出，审计经费越充足，政府审计质量越能够得到保障。基于公共选择和成本效益理论，只有在审计经费充沛的条件下，审计工作才能够得到保障，扩大审计覆盖面，激励审计人员积极发现和查处违规问题，提高报告违规问题的概率。只有审计经费投入充足，审计工作的独立性才能够得到更好的保证，客观发表审计意见、发布审计结果报告。

二、审计结果公告作用与政府审计质量

审计结果公告是审计机关以书面报告的形式，将审计结果向社会公众对外公开。通过审计结果公告，将被审计单位的违规问题、审计处罚意见、整改建议向社会公众公开披露，让社会公众及时了解审计结果，提高审计信息披露的透明度，促进被审计单位管理职能的转变，优化审计的执法环境，加强审计对政府和受托方的公权力的监督，促进政府审计质量的提升。

（一）审计结果公告、政府信息公开与政府审计质量

审计结果公告是政府信息公开内容的重要组成部分，是推动民主法治的重要力量，也是深化政治体制改革的需要（靳思昌，2014）。政府信息公开是维护公民知情权的有效措施，有助于推进民主政治，实现国家善政良治建设。审

计结果公告作为政府审计结果的载体，审计机关通过审计结果公告传递审计信息和政府审计质量水平。由此可见，审计结果公告在向社会公众传递政府审计信息的过程中起到了重要作用（张立民和丁朝霞，2006）。政府职能转变强调公开政府信息，这是政府的基本职责之一，对社会公众而言意义重大。基于此，有关政府信息公开方面的文献研究主要围绕政府信息公开的重要意义（Black，2002；Omoteso，2010）、民主政治建设（Weir，1999）、廉政建设（李志萍和白林，2006），以及政府信息公开现状等方面展开。Hoffmann 和 Stanley（2005）认为，政府审计在促进政府信息公开方面具有重要的作用，有效推进了民主政治的发展。

政府审计作为一种特殊的经济控制机制和手段，有责任和义务促进政府信息公开，保障公共受托经济责任的全面有效履行。魏惠育（2012）的研究指出，自审计结果公告制度实施以来，社会公众获取了更多的政府信息和审计信息，降低了社会公众与政府之间的信息不对称程度，为社会公众参与审计监督和国家治理开辟了通道，促进了政府审计质量水平的提升。但是，通过审计结果公告实施政府信息公开的过程中也存在问题，审计结果公告的范围有限，公告的内容具有一定的主观性，审计结果公告在具体实践中偏向于本级政府和上级审计机关报告，对社会公众的审计结果公告还未全面推行（曾庆勇和胡继荣，2008）。

因此，为了更好地推进政府信息的公开，尤其是审计信息的公开，有必要不断改革和完善审计结果公告制度，构建和优化审计结果公开机制的良性运行环境，完善审计结果公告质量控制制度，加强信息反馈和结果追踪工作，促进政府审计质量进一步提升（陈英姿，2012）。

（二）审计结果公告、审计信息透明度与政府审计质量

审计结果公告的信息披露是体现政府审计质量水平的一个重要窗口。通过对比国外在审计结果公告中的通行做法，从社会公众、被审计单位、审计机关的角度分析了实行审计结果公告制度的作用，及其对提升政府审计质量的意义。为了更好地提升政府审计质量，在审计结果公告的过程中应该充分考虑社会公众，向社会公众公开有关民生的重大审计调查项目，公开审计内容和审计

处理结果，全方位发挥审计的监督功效，多角度实现政府审计质量的提升（廖洪，2002）。审计结果公告的信息公开性，提高了审计信息的透明度。可以将审计机关难以处理或被审计单位违规问题严重的审计调查项目通过审计结果公告的形式传递给社会公众，引发社会公众的关注和反馈，形成社会舆论，对被审计单位造成压力，迫使其及时纠正违规行为，提高审计执行效果（朱晔，2003）。审计结果公告有助于审计发挥治理效力，优化公共资源配置效率，提高公共资金使用效率，维护经济秩序（李克耀，2004）。

审计结果公告的信息披露机制直接验证和反映了政府公共受托责任的履行情况，实现了社会公众了解和掌握审计信息的期望，提升了政府审计质量。构建和优化审计结果公告机制是政府审计质量进一步提升的关键。胡志勇（2005）研究发现，审计结果公告具有遏制行政腐败、降低审计合谋、提高政府审计质量的作用。郑开军（2005）指出，通过审计结果公告，能够起到预防腐败、实现政府审计质量提高的作用。

审计结果公告有利于强化政府审计监督的政策效果，对被审计单位的机会主义行为起到约束和规范作用，从而更有利于政府审计质量的提升和审计功能的发挥（胡波，2009），强化权力监督，提高政府效率中的积极作用（秦荣生，2008）。

三、政府审计与国家治理

提升政府审计质量水平是保障和促进政府公共受托经济责任全面有效履行、提高政府治理效率的重要手段。根据系统论的观点，国家治理系统由决策系统、执行系统和监督控制系统构成（杨肃昌和李敬道，2011）。政府审计作为国家治理的重要组成部分，大力提升政府审计质量的意义在于，高水平的政府审计质量更有利于保障国家经济安全，有效监督公权力的运行，防治腐败，维护社会公众的集体利益，提高政府治理效率，促进地方经济发展①。

---

① 《中华人民共和国国家审计准则》提出，审计机关的主要工作目标是维护国家经济安全，推进民主政治，促进廉政建设，保障国家经济和社会健康发展。

在国家治理的视角下，政府审计的实质是国家依法监督、制约权力的行为，本质上是国家治理这个大系统中内生的具有揭示、抵御和预防功能的"免疫系统"（刘家义，2008）。随着社会经济的发展和民主政治的推行，促进和完善国家治理已经成为公共受托经济责任的重要内容，国家审计理应发挥国家治理功能、服务国家治理（蔡春和蔡利，2012）。一方面，监督政府的责任履行和评价政府的治理效率；另一方面，提高政府信息的透明度，促进财政资金的高效运转，防治腐败（谭劲松和宋顺林，2012）。

（一）政府审计与财政资金使用率

我国审计机关自成立以来，政府审计一直关注财政资金的使用情况[①]，遵守"财政资金运行到哪里，政府审计监督就到哪里"的原则（王德河和刘力云，2013）。长期以来，在维护财政资金安全中不断拓展审计领域和范围，围绕中央各部门的财政预算执行情况，重大投资项目、重大政策措施的贯彻落实情况，重大公共事件的进展情况展开专项审计，揭示财政预算资金在管理中存在的问题，规范财政资金的使用，推进政府责任履行和政府廉政建设。随着审计领域的不断拓宽，国家治理需求和审计目标重点的转变，公共财政资金审计也从早期的强调合法合规性，转向效率效果性（谢志华，2008）。

从世界各国最高审计机关的实践来看，各国审计机关普遍重视报告审计实施过程中发现的问题、审计建议以及被审计单位在实施审计行为后的态度和反应。通过促进公共财政资金和公共资源使用中的责任履行和透明度提升，减少财政资金的违规使用，提高公共财政资金的使用绩效，推动公共部门实现良好治理[②]。

政府审计通过审计政府部门预算的执行情况来提高公共财政资金在使用过程中的合法合规性。预算是国家配置公共财政资金和公共资源的工具和方式，合理编制预算和有效执行预算是实现国家治理目标的重要影响因素（李金华，

---

① 我国《宪法》第九十一条和《审计法》第二条规定：我国政府审计的监督范围主要是国家财政收支和基于国家财政收支而发生的财务收支。

② INTOSAI. Coordination and Cooperation between SAIs and Internal Auditors in the Public Sector［R］. Vienna：The International Organization of Supreme Audit Institutions，2010.

2005)。在对被审计单位展开预算审计过程中,通过考察被审计单位在预算编制中是否合理安排各项财政收入和财政支出,预算制度是否存在不足,预算金额是否准确,预算管理是否到位,针对审计过程中发现的问题提出有针对性的意见和建议,以有效提高公共财政资金的使用情况(蔡春,2003)。

政府审计通过审计政府绩效情况来提高公共财政资金在使用过程中的效率和效果。政府绩效审计是政府审计在发挥国家治理功效过程中,评价和监督政府部门履行绩效责任范围和程度的手段和工具(李凤雏等,2012)。政府绩效审计主要是对被审计单位组织内部管理的效率和效果进行评价,考察其是否有效使用经济资源,是否有效开展经济活动(蔡春,2003)。通过政府绩效审计,保障公共财政资金被高效运用,实现政府职能转变,保障社会公众的集体利益,维护国家的经济安全。Leeuw(1996)和 Johnsen 等(2005)的研究发现,政府绩效审计在提升公共财政资金的使用效率、发挥国家治理功效方面意义重大。2007 年,《美国政府审计准则》提出,政府审计通过对财政资金使用中的透明情况和有关责任情况进行监督,促进社会民主,提高政府治理能力。

(二)政府审计与权力运行监督

党的十九届四中全会通过的《中共中央关于坚持和完善中国特色社会主义制度 推进国家治理体系和治理能力现代化若干重大问题的决定》指出,要完善权力配置和运行制约机制,发挥审计监督职能作用。由此可见,通过政府审计实现公权力运行的监督是政府审计的重要职责。

政府审计对政府公权力使用的监控可以有效防治公权力的异化,防止公权力服务于个人利益,危害社会公众的利益。

为了保障公共受托经济责任的全面有效履行,必须加强对政府部门公权力运行的有力监督。如果公权力过大,又缺乏必要的监督机制,会给寻租行为创造条件,导致公共利益受到侵害(周黎安,2004)。因此,需要采取一定的手段加大监督力度,规范权力运行。政府审计是一种特殊的经济控制机制。桂建平(2004)认为,关注公权力运行的政府审计,才能真正体现出政府审计的本质属性。Kayrak 和 Musa(2008)以及 Ferraz 和 Finan(2011)也认为,政府审计通过依法履行权力监控和制约职责,可以对公权力进行有效监控,防治腐败。Liu 和 Lin（2012）采用地方政府的数据进行实证分析，结果显示，政府审计通过监控权力的运行，对地方政府腐败行为的发生产生了明显的抑制作用。

在对公权力进行监督和制约的过程中，及时对外公布审计结果，接受社会公众的监督，更有利于规范被审计单位的行为，促进公权力的有效运行（王德河和刘力云，2013）。Nicoll（2007）也指出，增加审计信息披露力度能够有效监控公权力的运行，推动民主政治进程，实现政府审计的国家治理功能。

学者们不仅对政府审计监督公权力运行的必要性展开了讨论，对如何提高政府审计监督和制约公权力的效果也开展了相关的研究，提出了诸多的建设性意见。中国拥有与世界上大多数国家不同的政治和经济体制，政府审计的发展道路也具有鲜明的中国特色（王会金等，2012）。行政审计模式赋予了审计机关特有的行政权力，要求审计机关在公共事务中承担更重要的角色。根据国家治理中的免疫系统理论，政府审计质量的本质在于审计功能的实现。国家治理需要政府审计善于发现问题、查处问题，但发现和查处问题不是政府审计的根本目的，根本目的是根据发现的问题，从体制、机制、政策层面分析问题的根源，规范被审计单位的权力运行责任，帮助被审计单位完善制度、改善管理、增进绩效，从而起到堵塞漏洞、防范风险、避免违规违纪问题再次发生的作用（黄溶冰，2016）。刘力云（2013）的研究指出，政府审计在制约权力方面，除了要不断加大政府审计对违规违法问题的查处力度，还应该注重完善有关的体制机制，从源头上防治腐败问题的发生。胡志勇（2005）则认为，为了使政府审计在监督权力中发挥更大的作用，应该提高政府审计独立性，加大审计结果的公开力度。

四、文献评述

理清审计结果公告与政府审计质量的研究现状，是本书研究的基础。通过对审计结果公告与政府审计质量相关文献的梳理发现：①在现有文献中，对于政府审计质量的界定还没有统一的标准。理论界和实务界从不同的角度对政府审计质量的内涵进行了定义。②由于政府审计质量的内涵界定不同，描述和衡量政府审计质量也存在差异。因此，从已梳理的文献资料来看，有关政府审计质量衡量指标的研究较为丰富，且各有特色，主要以审计结果公告、审计人员的规模、审计人员的专业胜任能力、审计经费的投入、审计人员遵守审计准则的程度、审计查处违规问题的力度、社会公众的满意度为衡量政府审计质量的替代变量。这些替代指标确实从某一方面反映出了政府审计质量水平，但却缺少系统、全面的政府审计质量测量体系对政府审计质量进行更为全面的评价。③政府审计质量的影响因素也是此类研究的重点和热点之一。影响政府审计质量的因素众多，包括审计制度环境，审计结果公告，审计的供给和需求意愿，审计独立性，审计技术方法和人员素质。从上述文献资料可以看出，学术界对有关政府审计质量衡量指标的研究和影响政府审计质量的因素的分析并没有严格的区分。某文献中政府审计质量的衡量指标在其他的文献资料里变成了政府审计质量的影响因素。审计结果公告亦是如此。已有文献并没有对审计结果公告与政府审计质量之间的内在联系阐述清楚。④关于审计结果公告作用政府审计质量的相关研究，主要是在审计监督和治理的框架下，通过分析审计结果公告，提高审计信息透明度，遏制行政腐败，降低审计合谋，从而间接实现对政府审计质量的作用和影响，少有研究对两者之间的作用关系进行详细分析。这些为本书提供了巨大的研究契机。

第三章

审计结果公告提升政府
审计质量的理论分析

本章的目的在于构建审计结果公告提升政府审计质量的理论分析框架。从理论上深入分析和讨论审计结果公告与政府审计质量的内在联系，为后面的实证分析奠定基础。本章的理论分析框架主要包括对审计结果公告、政府审计质量等基本概念的界定以及两者的内在关系，政府审计质量与地方政府治理效率的关系，审计结果公告影响政府审计质量的理论基础，提升政府审计质量水平和地方政府治理效率的作用机制，审计结果公告提升政府审计质量的实现路径五个方面。

一、审计结果公告与政府审计质量的内在联系

理清审计结果公告与政府审计质量之间的内在联系是后续开展审计结果公告影响政府审计质量实证研究的关键所在。然而，政府审计质量的界定和度量至今理论界和实务界并没有统一的说法。政府审计质量的不易观测性也使政府审计质量的度量成为了研究中的难题。政府审计质量的内涵界定不同，后续对政府审计质量影响因素的分析也会存在差异。因此，本书试图对政府审计质量的概念进行界定，在此基础上提出政府审计质量的衡量方法和影响因素，辨析审计结果公告与政府审计质量的内在联系以及两者是如何相互作用产生影响的。

（一）政府审计质量的内涵界定

所谓审计，就是对政府、企业和社会的会计行为和会计工作进行监督和检查，审核会计凭证、会计报表的真实性和可靠性，以此来规范组织的行为。审计不仅存在于企业，还存在于政府，存在于任何组织机构，审计行为是独立于其他社会活动的专门化活动，担任监督的角色。任何过程一旦缺少了控制，就会失去原本的方向，最终走向失败。作为一个企业，会计实现了对其经济业务的程序化处理，通过会计核算，将纷繁复杂的经济业务转化成可供利益相关者阅读的财务报告，协助利益相关者做出正确的经济决策。但这一切都是以企业提供的财务报告是真实的、可靠的、相关的为基本前提的。如果财务数据本身的真实性存在问题，企业出现了财务造假，那么财务报告和会计信息也就失去了其原本的意义。为防止这种问题出现，需要在会计核算过程中加以控制和监督，规范会计人员的行为。这就是审计，及时发现会计工作中存在的问题，积极监督其纠正错误和问题，对财务报告中的重大差错进行披露和报告①。企业如此，政府和其他组织机构也是如此。

政府为维持社会和经济的正常运行，设立了相应的组织和部门，这些组织机构人员掌握着配置公共资源的权力，如何保障其公共受托经济责任的有效履行，如何对其行为进行监督和控制，这就是审计的功能和作用。追溯历史，周朝时就有了审计的最初形态。据《周礼》中的相关记载，周朝设立的六卿中就有掌管财政收支的"地官司徒"和掌管审计监督的"天官大宰"两大系统。在"天官大宰"系统中，大宰为该系统的最高长官，掌管六卿，直属机构下设了下大夫宰夫，独立于会计部门，专门实施政府审计，体现出了审计的权威性和独立性。下大夫宰夫对各司，也就是财政系统进行监督，发现各司存在错误或者舞弊行为时，及时上报大宰大夫进行处理。而后的历朝历代都有负责监督的相关部门或者官员。到了南宋时期，户部专门设立了审计司，审计一词正式进入职能机构，负责监督和审查。

---

① 1973 年公布的《审计准则公告》（第 1 号）指出，审计是独立审计人员对财务报表加以审核，搜集审计证据，对财务报表是否按照 GAAP 准则真实地反映公司的财务状况、经营成果和现金流量的情况做出判断。

从最初的审计形态发展至今，审计的目的也一直随着社会功能的演变而演变，审计功能也在不断拓展。审计的定义早已不再局限于最初的审查会计账簿。美国会计学会在其发表的《基本审计概念说明》中指出，审计归属于社会控制范畴，是一个需要协调内外部环境、适应内外部需求的系统，是一个系统的方法和过程，借助审计手段获取与所需评价的经济活动相关的审计证据，并利用审计方法对其内容的真实性进行论证的过程。《蒙哥马利审计学》在对审计的定义进行解释时，也强调了审计是一个系统化的过程。最高审计机关国际组织在《利马宣言——审计规则指南》中指出，审计本身并不是目的，而是控制体系不可缺少的组成部分。从广义上来说，审计是对某一具体活动进行独立调查，客观认定经济活动，公正评估被认定经济事件与既定标准的符合程度，并把审查结果传递给审计信息需求者的过程。要实现这一过程，需要审计人员必须胜任这项工作，能够为获取认定经济活动的审计证据利用数量化信息，并与既定标准相比对，量化审计证据。

审计是一种方法和过程，而在这个过程中，审计关注的目标应该是对经济活动实施监督。为了达到监督的目的，需要搜集审计证据，客观评估经济活动，认定经济事项与既定标准的吻合度。因此，监督活动也可以看成是审计人员为了达到既定契约，而对社会经济的具体运行过程实施检查、审核、监察和督导的行为。审计的性质是一种独立的经济监督活动（阎金锷，1986）。是专门的机构和人员，依法独立对被审计单位的财政收支、财务收支与其他的经济行为以及活动的真实合法性和有效性进行审核、评价和控制的一系列监督活动（祝遵宏，2009）。政府审计则是由法律授权、独立的政府组织结构和专业审计人员依法用权力监督制约权力的行为，通过审核、评价和控制被审计单位的公共经济活动或事项，考察其是否有效履行公共受托经济责任，并将其审计情况与原定标准进行匹配，把审计结果向公众传达的过程。

正如美国政府问责办公室所说，审计的过程应该注重审查各项经济活动是否有效，是否遵守各项法律法规，是否达到了预期的目标。程莹（2004）也指出，审计就是独立的专职机构和专业人员审核、评价及控制被审计单位的经济活动或事项的实际情况与原定标准之间的符合程度，并将其结果传达给公众的一系列监督活动。通过政府审计过程的实施来实现政府审计功能。刘家义曾提出，政府审计具有揭示、预防和抵御三大功能。审计功能的实现从本质上来说就是政府审计质量的体现。

联合国经济和社会事务部于 20 世纪 70 年代制定了《发展中国家政府审计手册》，为审计人员开展政府审计工作提供了指导和准绳。审计委员会在 2005 年的常委会中通过并实施了《审计程序规则》，明确要求各位审计委员有责任按照《国际审计标准》和《最高审计机关国际组织审计准则》等高效地完成自身的工作。最高审计机关国家组织在第 12 届国际会议上发表声明，最高审计机关有责任坚持适当的审计标准，以保障审计工作的质量。《中华人民共和国国家审计准则》为审计人员采用审计步骤和程序提供指导，确保审计人员遵循审计准则实施审计程序。

欧洲审计院将国际审计标准引入自己的审计工作中，并邀请欧盟成员国之间开展针对审计机构自身的同业互查，检查审计机构人员是否按照审计准则行事，是否在审计准则的管理框架内开展各项审计工作。美国政府问责办公室通过制定一系列严格和科学合理的审计过程控制体系来规范审计行为，内容包含美国政府问责办公室定期接受国会和专门委员的考评，接受国际著名会计师事务所对其年度责任和绩效报告的审计，组织大规模的同业互查小组开展审计工作执行情况检查，并将审查的结果以政府审计质量报告的形式予以发布。经过 4 次修订，形成《中华人民共和国国家审计准则》，要求每一个按照政府审计准则执行的审计或鉴证业务的审计组织都必须构建合适的内控体系，并接受来自外部的同业互查。与此同时，《中华人民共和国国家审计准则》还明确建立了包括提升审计人员专业能力、培养审计人员的独立性、构建公平客观的问责机制在内的提升政府审计质量的指导框架。

我国也在法律层面明确了审计人员提升审计工作质量的责任和要求。为提升审计工作效率，需要对审计工作的全过程加以规范。因此，审计署公布了相应的审计规范，内容不仅包括政府审计的基本准则、具体准则和应用指南，还包含审计机关和审计人员需要遵守的行为规范、执业准则和履行的审计责任。

各国及其审计机关都通过各种形式为审计人员遵守审计准则提供了切实可行的规范和标准。

综合上述分析以及学术界和理论界对政府审计质量的认识，本书认为，政府审计质量的发挥需要审计准则对审计机关和审计人员加以限制，将其行为设定在法律法规的框架之内，否则政府审计质量就没有了根基。任何事务都不能凌驾于法律之上而独立存在。审计准则直接作用于审计行为，政府审计质量正是审计过程和审计行为的体现，受到审计结果的影响。审计结果的载体便是审计结果公告。

政府审计质量受供需双方共同驱动。公众对审计信息的需求和期望会促进政府审计质量不断提升。审计结果公告在披露审计信息的过程中，会不断改变公众对审计信息的需求、信任和满意度，对政府审计质量产生影响。另外，审计机关通过提供高水平的审计信息来增强政府审计在国家治理中的地位和影响力，督促被审计单位实施整改并纠正违规行为。

审计作为一种特殊的经济控制机制，其目的就是保障和促进公共受托经济责任的全面有效履行。这要求政府审计质量不仅需要利用审计的专业优势发现和报告违规违纪问题，还应该对违规违纪问题及时纠偏，监督权力运行。

因此，政府审计质量可以表述为：政府审计质量是审计机关在遵循审计准则的前提下，满足审计信息供需双方期望，在保障和促进公共受托经济责任有效履行过程中，发现问题、查处问题、报告问题和纠正违规行为的条件概率。

（二）审计结果公告与政府审计质量的内在关系

审计结果公告与政府审计质量之间的关系可以从社会公众、政府和审计机关的角度进行分析。社会公众作为社会公共资源的所有者，从产权的角度来说，社会公众有权知悉审计信息和审计结果。在社会公众的产权意识以及参与民主政治的意识不断增强的历史背景下，了解审计信息的需求意愿也会随之增强。审计作为一种特殊的经济控制手段，本质上就是一种确保受托经济责任全面有效履行的特殊的经济控制。社会公众因此对政府审计质量寄予了很高的期望。所谓审计结果公告，就是将被审计单位的违规问题对外公开。现行审计结果公告制度尚不完善，既定的审计结果公告披露的审计信息量往往会低于社会公众对政府审计质量的期望值，这种期望值与现实之间的差距会让社会公众感受到政府审计质量水平并不客观，这种情况会通过社会公众的舆论反应反馈给审计信息的供给方，供给方因此会规范自身的审计行为，并加强对被审计单位整改情况的追责问责。在这一传导机制下，便实现了审计结果公告作用政府审计质量的有效实现路径。

从审计机关自身来说，党的十八届四中全会"决定"把审计监督明确列为党和国家的八大监督体系之一，成为国家治理体系的重要组成部分。中央审计委员会的设立，明确了政府审计在国家治理中的地位和作用。党的十九届四中全会"决定"再次提出完善权力运行机制，发挥审计监督作用。国家赋予了审计更新、更高的责任和使命，也对政府审计质量水平提出了更高的要求。履行经济监督的机构不仅有财政经济监督中的审计部门、法律监督中的人大财经委、行政监督中的纪委，还有财政部的监督检查局、党委监督中的国务院监察部。各经济监督机构在工作内容上存在交叉和重合部分，因此形成了各部门之间的竞争和相互监督关系。审计机关通过审计结果公告对外披露审计信息，让公众了解审计过程，监督被审计单位的整改情况。在提高审计透明度，增强部门竞争力的同时，也给被审计单位施加了公共舆论压力，有助于提高审计执行效果，从而提高政府审计质量。

公众对审计工作和内容等信息的需求与审计机构对展现其工作能力和成果的供给要求，共同作用于审计结果公告，在审计结果公告中，披露审计机关查处的被审计单位的违规违纪问题，社会公众通过阅读审计结果公告的内容来获取审计信息，了解公权力部门有效履行公权力的情况。

因此，总体来说，审计结果公告与政府审计质量的内在关系体现在以下三个方面：

第一，政府审计质量是审计过程质量和结果质量的结合。过程难以观测，结果成为了反映审计质量、作用审计质量的关键点。审计结果的直接载体是审计报告，两者产生了关联性。

第二，社会公众对审计信息的需求以及对审计质量水平的期望，通过审计结果公告来实现和感知，并通过公共舆论，对当前审计质量水平做出反应，传递给审计机关，指明审计工作需要改进的地方，促进政府审计质量水平提升。

第三，审计机关提供高水平审计服务，以此来提升自身在公众和国家机构中的地位和影响力，审计结果公告是审计机关供给审计信息，实现自选择行为的体现。

（三）政府审计质量与地方政府治理效率的关系

政府审计作为一种特殊的经济控制机制，其根本目标是保障和促进公共受托经济责任的全面有效履行。政府审计的监督权是由宪法赋予的,具有较高的独立性,其依法监督行为不受任何其他主体的干预。国家审计机关作为专职从事经济监督的国家机关,在保障和促进公共受托经济责任全面有效履行、提升政府治理效率方面理应发挥重要的作用。

政府审计功能和作用的发挥与政府审计质量水平密切相关。高水平的政府审计质量能够反映出审计机关和审计人员的独立性和专业胜任能力,能够更好地发现和查处违规违纪问题,报告违规违纪问题,纠正违规违纪问题,规范被审计对象的行为,有助于审计机关更好地发挥审计的揭示、抵御和预防功能。

提升政府审计质量具有深刻的作用和意义。从动因和效果两个角度来说,不断提高政府审计质量有利于改善地方政府治理效率,更好地保障和促进政府有效履行公共受托经济责任,发挥国家治理的功效。

首先,政府审计作用于地方政府的治理效率是公共受托经济责任的内在要求。高水平的政府审计质量又是政府审计依法用权力监督制约权力的有力保证。随着经济社会环境的变化,公共受托经济责任的内涵不断丰富和拓展。当改善政府的治理效率成为公共受托经济责任的重要内容时,不断追求高水平的政府审计质量,将有助于审计功能的发挥,促进政府治理效率的提升。

其次,政府审计作为八大监督体系之一,是地方政府改善治理效率、实现良治的有效方式。利用各级审计机关和审计人员的行业专长和政府审计特有的审计独立性,监督政府合理、有效地利用财政资金,规范公权力的运行,履行公权力运行责任。高水平的政府审计质量必将更有利于在监督地方政府重大投资项目、提高政府行政效率、防治腐败等方面发挥重要的作用。

最后,提高国家审计机关的审计能力和审计影响力,发挥审计各项职能,促进地方政府治理效率提升,以及发展地方经济和各项社会事业是实现审计人员职业晋升目标的自我需求。由此可见,审计人员有提供高水平政府审计质量的意愿,以此来推进地方政府治理水平的提升。

从提升政府审计质量和改善政府治理效率的效果来看,政府审计质量的本质在于政府审计功能的发挥。政府审计通过发挥监督、治理功能,有效提升地方政府的治理效率。一方面,政府审计通过监控地方政府财政资金使用的合法合规情况以及效率效果情况,能够减少地方政府财政资金使用过程中的违法违规和损失浪费行为,有助于提高公共资金的使用效率,减少地方政府的无效率支出，合理控制地方政府的支出规模，进而提升其行政管理效率。另一方面，政府审计通过监控地方政府公共经济权力的运行状况，能够有效促进地方官员切实履行公共受托经济责任，减少寻租腐败行为的发生，有助于提升地方政府的腐败治理效率。此外，政府审计在实施监督和治理的过程中，通过不断提升自身的审计质量水平，更好地促进了地方政府治理效率的提高。

二、审计结果公告提升政府审计质量的理论基础

（一）受托经济责任理论

审计是一种特殊的经济控制机制，其本质目标是保障和促进受托经济责任的全面有效履行（蔡春，2003）。相应地，国家审计的本质目标就是保障和促进公共受托经济责任的全面有效履行。

蔡春（2003）认为，受托经济责任就是按照特定要求或原则经管受托经济资源并报告其经管状况的义务，受托经济责任包括行为责任和报告责任两个方面。行为责任包含遵纪守法责任、保全责任、节约责任、控制责任、社会责任、效率责任和效果责任，报告责任则是指按照特定的要求编制相应的履责报告。

受托经济责任一般要包括两方责任主体，经济资源的所有方（委托方）将经济资源委托给另一方（受托方）经营管理，受托方如若接受该委托，则需要按照委托方的特定要求履行相应的职责，并将其职责的履行情况向委托方报告。

公共受托经济责任实际上可以被看作是受托经济责任在特定领域的延伸或拓展，主要是针对公共部门而言的，一般是指公共部门或政府部门应该履行的责任或义务。从责任履行需要满足特定的要求和原则来看，公共受托经济责任一般也需要满足行为责任和报告责任的有关要求。

政府审计产生于公共受托责任关系，随着公共受托经济责任关系的发展而发展，建立监督机制是有效的实现方式。通过审计的监督机制来评估被审计单位履行公共受托经济责任的程度，评价其行为是否实现了社会公众的期望需求。受托方的公共受托责任履行良好也在一定程度上反映出了政府审计质量的水平。高质量的审计水平有利于更好地发挥监督公权部门有效履行受托经济责任的作用。从公共受托经济责任的理论出发，社会公共资源和社会公共资金的委托者、受托者，以及审计机关和审计人员共同构成了政府审计的关系链条。政府审计在其中发挥着监督作用，通过审计手段完成委托方的委托，对受托方的公共受托经济责任履行情况进行鉴证，并提供鉴证信息。在这个关系链条中，审计机关提供的鉴证信息至关重要，鉴证信息的相关性、可靠性和信息透明度越高，审计机关监督受托方有效履行公共受托经济责任的效果越好。审计结果公告就是将审计鉴证信息向社会公众公开，接受社会公众的监督。因此，审计结果公告从某种程度上来说，可以看成是审计监督被审计单位受托经济责任履行程度的重要判断标准。审计结果公告是公共受托经济责任的内在要求（宋夏云，2007）。

通过审计结果公告，社会公众可以了解到政府是否违规使用公共资源，公共资金是否被有效使用，自身的利益是否得到保障。对于没有有效履行公共受托经济责任的被审计单位，是否会受到处罚，处罚的程度怎么样。政府和被审计单位具有有效履行受托经济责任的义务。审计结果公告制度对外公开审计信息的方式，会促使政府和被审计单位更加规范自身的行为，有效履行受托经济责任。作为审计机关和审计人员一方，审计的目标就是通过审计行为提供有效的审计鉴证，对受托方的行为进行监督。审计机关和审计人员可以依据审计结果公告督促受托方有效履行受托经济责任，从而提高审计的执行效果，促进政府审计质量整体水平的提高。就受托经济责任来说，如果没有受托经济责任关系的存在，提高政府审计质量也就没有了动力，需要借助审计的监督手段来促进被审计单位和政府有效履行受托经济责任，而审计结果公告是实现这一监督手段的路径和方法。受托经济责任的履行情况是审计结果公告的最主要内容。

国家对于公民的公共受托经济责任主要是通过政府的有效履职来实现的。国家和政府有责任和义务向委托方——社会公众报告履责情况，满足社会公众的要求和期望。政府有责任保障社会公众的知情权。政府信息公开是维护社会公众知情权的重要举措。增强政府信息的公开力度，有助于社会公众更好地获悉政府的履责情况，促进政府更好地履行受托经济责任。审计结果公告是政府信息公开的一个有效途径和方式。通过审计结果公告制度的实施，提高政府信息公开的质量，并提升政府透明度。审计结果公告将审计机关及其工作人员，以及被审计单位的行为置于阳光之下，有效防止了审计合谋问题的发生，同时也给被审计单位施加了公共舆论压力，督促其及时整改，规范自身行为。

（二）知情权理论

政府有责任保障社会公众的知情权。政府信息公开是维护社会公众知情权的重要举措，能够推动民主化进程，监督政府行为，防止政府腐败。

审计结果公告是政府信息公开内容的重要组成部分，是推动民主法治的重要力量，也是深化政治体制改革的需要（靳思昌，2014）。从 2003 年审计署对外公布第一份审计结果公告开始，在十几年的历史发展过程中，审计结果公告促进政府审计质量提升的作用越来越明显。审计结果公告成为了影响政府审计质量的重要因素之一。

1983 年，我国建立了政府审计机构。我国《宪法》明确规定：国务院设立审计机关，对国务院各部门和地方各级政府、财政金融机构和企业事业单位的财政收支依法进行审计监督，其他任何行政机关、社会团体和个人不得干涉。审计机关将审计结果向国务院报送，既没有将审计结果报告人大，也没有向社会公众公开。在这一时期，审计过程和查处违规问题都处于比较封闭的状态，审计机关对被审计单位做出的审计决议和意见书也只有个别部门知晓。公众无从了解审计信息和审计执行情况，将审计定义为一项神秘的工作（谢徽，2006）。对审计机关自身而言，工作成果和效率没有监督方，往往效率低下，执行效果不佳。审计意见和审计结果的不公开性，也造成了被审计单位常常对审计意见敷衍应付，不积极整改，最终导致政府审计质量低下，效果不佳（王平和陆永明，2004）。

面对这一局面，我国从 1996 年开始实施审计结果公告制度。审计机关不仅要向国务院报送审计意见和审计决议，每年还需要向全国人大报告中央各部门预算执行情况和所属企业的财政收支情况。至此，审计结果需要接受人大的监督和审查。审计这一双向服务功能体现出了民主政治在国家预算执行体系中的进步（杨肃昌，2004）。审计机关发现、查处和报告违规问题的积极性有所提高，发现和查处违规问题的联合概率也因此得到提升，提升政府审计质量有了途径。在这一阶段，审计结果公告制度的产生，的确对审计功能的发挥和实现起到了积极的促进作用。但在这个时期，审计结果报告仍然是机密资料，人大代表也只有现场查阅的权利。而对于社会公众而言，依然是没有获悉审计信息和审计结果内容的途径和平台，更不用说参与讨论和监督。政府审计的监督体系依然存在局部失效的问题，不仅社会公众参与民主政治和获取审计信息的知情权没有得到实现，审计的执行效果也会因为审计监督体系的不完整而削弱政府审计质量水平。

2003 年，审计署对外公布了第一份审计结果公告，审计结果公告制度进入了一个崭新的时期。相较于之前审计机关的审计意见和审计结果只向国务院和全国人大报告，当前的审计结果公告需要向国务院、全国人大和社会公众予以公布和公开。通过向社会公众披露审计结果公告，被审计单位也被置于社会公众的监督之下，对意图违反审计准则和干扰审计结果的行为起到了震慑作用，有助于审计意见的落实和执行（黎四龙，2004）。通过审计结果公告，社会公众可以实现对审计机关工作绩效、执行效果和被审计单位的整改情况实施监督。审计信息的透明化和对外公开，规范和约束审计人员更加严格地遵循审计法规，督促审计人员更加认真地开展审计工作，发现和报告违规违纪行为，提高查处问题的联合概率。社会公众参与民主政治的意愿得以实现，从主观感知上提升了对审计效果的印象。审计机关作为受托方的审计责任也得以实现，被审计单位更加重视审计机关的审计行为，并规范自身行为。在这样的氛围和环境之中，审计结果公告引发审计机关开展审计风暴，审计监督监察的规模越来越大，级别越来越高，信息公开化程度越来越高，一大批大案要案随着审计结果公告被查处（谢黎，2005），促进了政府审计质量的进一步提高。

长期以来，政府努力提高政府审计质量的目的就是促进民主政治和社会进程的变革和进步，降低政府与社会公众之间的信息不对称，增强公众的权利意识，发挥审计在国家治理中的功能和作用，保障政府执政能力的提高和职能的转变。在这个过程中，审计结果公告起到了良好的推动作用。接下来，审计结果公告还需进一步完善，以促进政府审计质量的持续提升。

为了规范审计结果公告工作，提高审计工作透明度，充分发挥审计监督作用，提升政府审计质量，根据《中华人民共和国审计法》，制定了《审计署审计结果公告试行办法》（以下简称《办法》）。《办法》对审计结果公告的内容、程序和条件进行了相关规定。准则要求审计机关向社会公众客观公正、实事求是地公开社会公众关注和需要向社会公布的审计管辖范围内重要审计事项的审计结果。由此可见，审计结果公告能够规范审计工作，提高审计透明度，加强审计监督作用，以此来提升政府审计质量。

（三）信号传递理论

通过审计结果公告，传递审计质量信号、审计独立性信号、民主法治进程信号和公众参与信号。

作为社会公众，往往处于信息弱势的一方，审计监督满足了公众获取有效审计信息、降低信息不对称的需求和愿望。但审计工作开展情况如何，审计成果怎么样，效果好不好，公众期望有途径和渠道来获取审计信息，以判断审计执行效果和政府审计质量的高低。审计结果公告制度的颁布及随后各级审计机关对外公布的审计结果公告，为公众了解审计信息、判断政府审计质量提供了平台和途径。因此，社会公众对审计信息的需求使得审计结果公告有力地促进了政府审计质量的提升。

作为政府一方，设立专门的审计机关，开展审计工作，目的便是通过审计行为监督政府行为，实现审计的国家治理，促进政府职能转变和政府执政能力的提升。同时，借助高水平的政府审计质量，加快民主政治进程。审计结果公告是展示审计工作成效的一个绝佳窗口。借助审计结果公告的平台，提升政府审计的透明度，敦促审计机关和审计人员积极发现和查处违规问题，监督审计人员更加严格地依照审计准则和法规实施审计，杜绝审计机构和审计人员的慢作为和不作为；同时，也敦促被审计单位认真对待审计意见，积极整改，纠正错误，规范自身行为。之前因审计结果不对外公开，审计人员迫于压力不敢报告违规行为，被审计单位对待审计意见敷衍应付、屡罚屡犯的情况将逐渐变少，甚至消失。审计结果公告制度可以对审计机关和审计人员形成一种鞭策、一种监督、一种促进和一种压力，增强审计人员的责任感。因此，审计机关为寻求自身的发展，避免被其他经济监督体系取代，审计机构有提高政府审计质量的动机，加大审计结果公告的披露力度，通过高质量的审计信息向公众传递工作绩效优良的信号。审计结果公告增加了审计信息的透明度，增强了审计行为的公开性，扩大了审计影响，使得审计工作被更多的公众所熟悉（李金华，2004）。

（四）委托代理理论

基于受托经济责任关系的分析，社会公众与政府之间存在着一种特殊的委托代理关系。社会公众让渡一部分自身的权利，将公共资源和公权力委托给政府来使用，政府在接受委托后，按照社会公众的需求履行其公共受托经济责任。但是，公共受托经济责任的有效履行并不是一个简单的过程。从中央到地方，政府责任的履行需要通过层层委托和授权来完成，将公共资源和公权力委托给相应的部门。庞大而复杂的政府组织机构，以及各级地方政府和官员的目标差异导致委托代理问题存在，出现消极履责、不作为、慢作为，权力滥用，寻租腐败等行为，这对政府有效履行公共受托经济责任会产生不小的影响。要解决政府的委托代理问题，提高政府的治理效率，关键在于对政府行为进行监督和控制，提高政府信息的公开力度。

信息成本以及获取信息的能力和途径的差异性，使得各方拥有的信息存在不对称性。政府作为国家机器和公权力运行的代理人，具有信息优势。而处于信息劣势的公众无法了解到政府是否有效履行了公共经济权力，是否会做出有利于自身利益的行为。因此，减少信息不对称性，增加信息透明度的需求在公众的意识中越来越强烈。公众需要一种途径来获取政府公权力是否有效运行的信息，展示政府的工作成果，监督政府行为。审计机构作为独立的第三方，有责任监督和规范政府行为，确保受托经济责任有效履行。信息不对称程度越低，其公开程度越高、越完整，审计的质量就越高。降低信息不对称的有效途径之一就是审计结果公告，通过公告的形式展示审计工作动态和审计工作成效，公众借助审计结果公告了解政府行为和责任履行情况。

在信息不对称和所有权与经营权分离的背景下，Jensen 和 Meckling（1976）提出了委托代理理论。社会契约论认为，国家作为政治主体是社会公众通过订立契约，让渡部分或者全部权利形成的。政府与社会公众之间的关系其实就是一种委托代理关系。公众成为委托代理理论中的委托方，将权利委托给政府实施，并对政府的行为进行监督，保证其有效履行受托经济责任，维护自身利益不受侵害；政府成为委托代理理论中的受托方，代表公众掌握公共资源的运营权，参与决策和治理，履行受托经济责任。但委托代理双方签订的契约为不完全契约，双方之间存在严重的信息不对称。受托方因掌握公权力和公共资源而具有信息优势，而委托方处于信息劣势。双方因都希望寻求各自利益的最大化而存在目标差异，受托方会利用自身的信息优势和掌握的公共资源在追求自身利益最大化的过程中损害委托方的利益。信息不对称和信息不透明使得委托方需要寻找一个独立的监督者，对受托方的行为进行监督和检查，保障政府合理地运营公共资源，防止政府利用手中的公权力做出偏离公众利益的行为，降低委托双方的代理成本。Baker（2005）的研究指出，政府审计具有降低委托代理双方代理成本的功能。审计成为了缓解委托双方代理问题的重要制度安排。因为委托方要保证受托方有效地履行公共受托经济责任，就必须降低政府与社会公众之间的信息不对称程度，实现作为社会公共资源和公共资金的产权所有者对资源配置、公共资金使用和利用率的知情权。要实现社会公众的知情权，需要审计机关对被审计单位的审计信息进行有效、充分的披露。信息披露程度越强，越能保障政府和被审计单位有效履行公共受托经济责任，审计的监督和治理效果越好，审计的质量水平越高。审计结果公告就是将审计信息对外公开，披露被审计单位的违规行为和整改情况。审计的监督和检查力度越大，政府审计质量越高。作为监督者的审计机构，通过审计结果公告向委托人报告其监督成果。审计结果公告自然成为了影响政府审计质量的重要因素。

（五）公共选择理论

追求高水平的政府审计质量可以提高政府审计的影响力，获取社会公众的信任，降低治理成本。公开审计结果信息可以提升公众信任，维护审计信息披露者的利益。

新古典经济学认为，政府并非经济体系的内生变量，指出公众将公权力赋予政府，政府掌握公共资源，因此政府的行为以追求公众利益最大化为目标。但事实是，政府并非完美没有缺陷，并非不会出现错误和失灵。市场存在失灵问题，政府也一样，存在政府失灵问题。公共选择理论强调了这一点，克服了新古典经济学中政府以公众利益最大化为目标这一假设，提出政府的经济人假设，认为政府也存在和市场一样的失灵问题，并努力寻求方式方法克服这一问题和不足。在社会审计中，政府审计质量受到所选择的事务所的影响。事务所的质量越高，政府审计质量越高。而在政府审计中，审计工作由专门的审计机构来完成，公众无法通过选择审计机构来影响政府审计质量。但有别于新古典经济学，在公共选择理论中审计机构也是经济人，政府审计质量的高低取决于审计投入的成本和审计工作的效果。公众对审计信息需求的增加，促进了审计结果公告制度的发展；审计结果公告制度满足了公众参与民主政治、了解政府工作的需求和愿望，监督政府公共资源的使用情况，规范和约束了政府行为，促进了其有效履行受托经济责任。扩大审计覆盖面、实现审计全覆盖成为了政府审计接下来的工作目标。这一举措使得审计机构得到了更多的审计经费支持和补偿，审计经济投入的增加激发了审计机构提高政府审计质量的动机。因此，公共选择理论为研究审计结果公告影响政府审计质量提供了重要的理论基础。

（六）政府绩效管理理论

借助审计结果公告，审计机关的工作效率和服务质量呈现在了社会公众的监督之下，审计结果公告有效地影响了政府审计质量，也因此为政府审计质量的提升提供了明确的路径。

政府绩效管理理论兴起于 20 世纪 90 年代，当时各国掀起了政府再造运动。该运动推行对组织流程涉及的基本问题进行了反思，在政府管理中引入了公司管理的理念和模式，强调绩效。通过服务和质量的提升来改善政府职能，提高公众满意度。政府绩效管理理论强调政府根据财政效率原则，建立目标效果导向模式，通过绩效目标的建立和实施以及评定和反馈制定公共资金管理方式（马国贤，2005）。政府绩效管理主要是对政府公共资金的有效管理，包含绩效目标的制定、绩效拨款和绩效评价 3 个环节。政府绩效评估就是运用一系列的标准、程序和方法对政府的工作成果与制定的绩效目标进行对比，评定等级。政府绩效评估从本质上来说就是一种新型的政府责任机制（陈巍，2013）。评估政府的绩效就是要看政府是否履行了政府责任。因此，在政府的绩效管理理论中，提出要明确和健全政府的责任，政府要认真履行受托经济责任，并设立专门的组织和机构对政府履行责任的情况进行监督，对违规行为进行责任追究。

审计机构隶属于政府职能部门，在政府绩效管理的思维模式中，通过相应的组织流程改革来提高政府审计质量。自美国政府开始实施目标效果导向型的政府绩效管理改革以来，美国政府问责办公室也开始关注审计过程和审计结果的绩效管理。通过开展项目评估业务来审核政府项目是否达到了目标。1993年，美国国会通过了《政府绩效与结果法案》。该法案要求对政府各部门的支出进行全面的绩效评估，考评内容包括各部门的战略计划、年度绩效计划、绩效目标、绩效报告等，并对其做出了详细的规定。如此一来，政府绩效管理理论为评价政府工作绩效提供了相应的参考依据。一方面，美国政府问责办公室在实施审计的过程中关注政府各部门内部的制度安排、经济效率和效果，扩展审计的内涵，实现审计的价值；另一方面，美国政府问责办公室依据政府绩效管理理论的理念评估自身的业绩，形成绩效和责任报告，使得政府审计质量的衡量更具有可观测性。自1999年美国政府问责办公室以审计长的名义出具政府审计绩效和责任报告以来，美国政府问责办公室的投入产出比也从当年的1:59上升至2015年的1:85。

我国从2003年开始向公众公布审计结果公告，披露审计信息。通过审计结果公告，公众可以获取审计机关的工作内容和工作成效，从一个重要的角度诠释审计机关的工作绩效和目标实现情况。自2003年以来，随着审计结果公告数量的增多和内容的拓宽，审计职能和目标不断细化和明晰。借助审计结果公告，审计机关的工作效率和服务质量呈现在了社会公众的监督之下，审计结果公告有效地影响了政府审计质量，也因此为政府审计质量的提升提供了明确的路径。

三、提升政府审计质量和地方政府治理效率的作用机制

在权力监督和腐败惩治的过程中，政府信息公开和政府审计监督是政府职能定位转型、权力运行责任有效履行的重要手段和方式。积极建立和完善审计结果公开制度，持续公开审计结果，推动政府信息公开，加强政府审计监督效力。

从审计结果公告的角度探讨和分析审计结果公告如何在政府审计质量提升和地方政府治理效率改善的过程中发挥积极的促进作用。审计结果公告对政府审计质量和地方政府治理效率具有积极的作用，主要体现在以下两个方面：

第一，审计结果公告强化了政府信息公开力度。保障了社会公众对公共信息的知情权，发挥了社会公众的公共舆论监督作用，提高了社会公众对被审计单位和审计机关的监督，督促了被审计单位接受审计意见和建议，规范了自身行为，提高了财经纪律意识。通过审计结果公告，加快政府信息和审计信息的有效流动，扩大审计机关的影响力，增强审计机关的执法力度，提高政府审计质量，提升政府信息的透明度，改进政府行政效能。所以，审计结果公告的出台和实施，提升了政府信息的披露力度，促进了政府审计质量的提高，改善了地方政府的行政治理效率。

第二，审计结果公告强化了对政府权力的制约和监督。审计结果公告通过对外公开审计结果，发挥双向权力制约性（胡贵安，2007）。既是权力监督制衡和防治腐败的作用机制，又是对审计监督权自身运行的监督与制约机制。促进地方政府行政方式的转变，更好地管理和使用公共资源和公共资金。提高政府部门的治理效率，建立行为规范、运转协调、公开透明和廉洁高效的政府。这意味着审计结果的公告力度越大，对政府权力的制约和监督效力就会越强，遏制和惩治腐败的效果也就越明显。

四、审计结果公告提升政府审计质量的实现路径

政府审计质量受到诸多因素的影响，政府审计质量的提高需要多方主体共同的力量。多方主体包括保障政府审计质量的法律系统、提升政府审计质量的执行系统、测量政府审计质量的评价系统。法律系统保障审计的质量主要体现在制定相应的法律法规，要求审计人员在实施审计的过程中予以遵守，为审计机关和审计人员开展审计工作提供可供参考的准则和标准，规范被审计单位对待审计结果和处罚决议的行为，以此来保证审计过程和审计执行效果。执行系统提升政府审计质量的功能主要体现在影响政府审计质量的执行行为之上。审计人员是否依照审计准则和相关法律法规实施审计，执行程度如何，是否有比较高的发现和查处违规违纪问题的概率。在发现和查处违规违纪问题之后，审计人员是否及时、客观、公正地报告审计结果。被审计人员执行审计结果的效果如何。评价系统测量政府审计质量的功能则主要体现在对政府审计质量优劣的衡量和判断之上。三个系统有各自的侧重点，同时又相互依存，互为支撑。本节主要讨论审计结果公告在三个系统中的位置和作用，如何借助三个系统作用政府审计质量，实现审计功能的拓展，促进政府审计质量的提升（见图 3 - 1）。

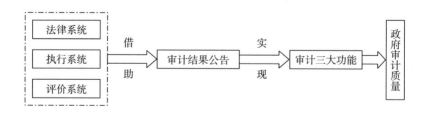

图 3 - 1 审计结果公告影响政府审计质量的功能定位

（一）审计结果公告的功能和作用

审计结果对外公开是强化审计监督监察的主要方式之一。通过审计现场审核，对出现重大政府审计质量问题的审计人员追究相关的责任。对于审计移送的违法违纪问题线索，有关部门要认真查处，及时向审计机关反馈查处结果，并以审计结果公告的形式适时向社会公告。由此可以看出，审计结果公告是政府为了加强国家的审计监督，维护国家财政经济秩序，提高财政资金使用效率，促进廉政建设，保障国民经济和社会健康发展的有效手段。

审计结果公告的作用在于规范审计工作，提高审计透明度，加强审计监督。把审计机关加强公共资金绩效审计，加大对经济运行中风险隐患的审计，加大资源环境的审计力度，深化领导干部经济责任审计，加大对权力集中、资金密集、资源富集、资产聚集的重点部门、重点岗位、重点环节的审计力度，严肃揭露和查处重大违纪违法问题，加大对体制机制性问题的揭示和反映力度等公众关注的问题和公众应该知晓的问题向社会公众客观公正、实事求是地披露和公开。加强社会舆论对审计工作的监督作用，保障审计工作顺利实施，全面提升审计监督效能。

（二）审计结果公告、审计功能与政府审计质量

政府审计质量的本质在于如何保障审计功能得以顺利实现，满足审计信息需求者的要求，达到审计信息供给者的目标。审计结果公告正是审计功能得以实现的重要途径和方式。随着审计结果公告制度的功能和作用不断被显示出来，审计功能得到了有效发挥，政府审计质量也因此得到提高。

刘家义曾指出，审计具有揭示功能、抵御功能和预防功能。程莹（2014）提出结合政府审计的这三大功能，构建一个融合三大功能的政府审计质量分析框架，将政府审计质量分为揭示质量、抵御质量和预防质量（见图3-2）。政府审计质量的提升以实现审计的三大功能为依托。其中，抵御功能的实现以揭示功能和预防功能的实现为基础，该功能强调审计机关在我国经济监督体系中的独立性和必要性。遵循审计的内在规律，坚决开展审计监督，发挥审计国家

治理的功效。不受外界行政体制或体系的干预和阻挠，坚决揭露和查处违规违纪问题，坚决向有关部门和组织机构提出制度和体制建设意见。以独立第三方的角色，承担起审计应该担负的责任和义务，保障国家和经济的平稳和健康运行。揭示功能是审计三大功能中最基本也是最重要的功能。委托代理关系的存在以及委托人让渡公共资源的运营和配置权力，使受托人拥有了对公共资源和财政资金的运营权。公权力往往因为掌权人追求自身阶层的利益最大化而发生公权力异化。社会公众不允许这种以权谋私的行为发生，不允许把公权力变成为少数人谋取私利的工具和方法。这就要求一些独立性的专门机构遵循法律原则实施监督和制约。通过特定的途径和方法将这些违规违纪行为和问题揭示出来，严厉查处经济犯罪、违规占用资金和社会公众资源、破坏环境、铺张浪费等损害公众和人民利益的行为，保障经济社会安全、健康运行。预防功能就是要遵照审计的规则，把违规行为扼杀在摇篮中。一方面，对于发现的苗头性和倾向性问题，及时发出警告，防止这些苗头性和倾向性问题转变为真实的违规违纪问题。另一方面，则体现在威慑作用上，通过查处和处罚被审计单位的违规问题，引起其他部门和组织的警惕，使其收敛和规范自身行为，时刻保持违规必被查处的危机感。而审计结果公告则是审计实现三大功能的助推器和利剑。审计结果公告制度的出台，使国家审计的功能发挥得淋漓尽致。

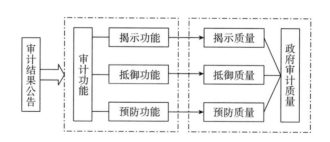

图 3-2　审计结果公告、审计功能与政府审计质量

如图 3-3 所示，审计机关通过审计结果公告，公开政府信息，向社会公众和利益主体披露审计结果，揭示违规违纪行为，揭示审计处罚意见，揭示被审计单位整改情况。另外，通过审计结果公告对外披露的内容，使社会公众对于被审计单位的违规违纪行为所有了解和掌握，满足社会公众参与国家治理的需要。在社会公众的监督下，被审计单位积极应对应整改问题，切实规范自身的行为；审计机关为提高审计质量水平，增强审计信息的主观供给意愿。其他组织和机构通过审计结果公告，获悉这些违规问题和处罚结果，也会及早纠正自身存在的问题，依法行事。审计署和各级审计机关公布的审计结果公告不同于资本市场中的财务年报，以披露和报道问题为主，揭示政府、部门、组织机构和企业的不足和缺陷。这势必会受到被审计单位的阻挠，不愿意审计机关对外公布和公开这些问题，以免对自身利益造成影响。而审计结果公告制度的出台以及审计结果公告内容和范围的逐年扩大，正是审计署和各级审计机关遵循审计内在规律、发挥审计独立性、提升审计质量的一个重要体现。

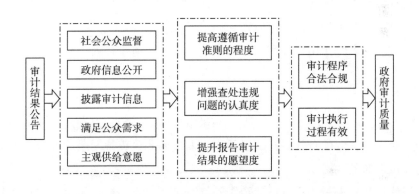

图 3 – 3 审计结果公告影响政府审计质量的实现路径

政府审计质量是审计人员遵照审计准则实施审计工作，以审计过程遵循审计规则为前提，发现问题、查处问题、报告问题的条件概率。一是要关注审计人员遵守审计准则和审计程序的程度，二是要关注审计人员发现和查处违规违纪问题的积极性和认真程度，三是要关注审计人员报告和披露审计结果的愿望程度。换言之，就是要在实施审计的过程中注重审计程序的合法合规性，并提高审计执行过程中的有效性。正是由于审计结果的对外公布，任何人通过互联网和其他新闻媒体都可以获取审计结果公告中的审计内容和蕴含的审计信息。审计人员是否遵循审计准则行事，遵循的程度有多高不再是审计机关关起门来只有自己知晓的事情，而是在全体社会公众的监督之下。慢作为和不作为的工作状态容易被发现，审计机关会考虑自身的前途而提高审计质量水平，展现审计国家治理的功能和作用。

由此可见，审计结果公告应该而且可以影响政府审计质量，促进政府审计质量的提升。

本章小结

本章从审计结果公告、政府审计质量等基本概念入手，构建审计结果公告提升政府审计质量的理论分析框架。具体从审计结果公告与政府审计质量的内在联系、审计结果公告提升政府审计质量的理论基础、提升政府审计质量和地方政府治理效率的作用机制和审计结果公告提升政府审计质量的实现路径四个方面展开分析。

结合理论界和实务界对政府审计质量的界定，本书认为，政府审计质量是审计机关在遵循审计准则的前提下，满足审计信息供需双方期望，在保障和促进公共受托经济责任有效履行的过程中，发现问题、查处问题、报告问题和纠正违规行为的条件概率。

审计结果公告与政府审计质量之间存在密切的相关性。①政府审计质量是审计过程质量和结果质量的结合。过程难以观测，结果成为了反映审计质量、作用审计质量的关键点。审计结果的直接载体是审计报告，两者产生了关联性。②社会公众对审计信息的需求以及对审计质量水平的期望通过审计结果公告来实现和感知，并通过公共舆论对当前审计质量水平做出反应，传递给审计机关，指明审计工作需要改进的地方，促进政府审计质量水平提升。③审计机关提供高水平审计服务以提升自身在公众和国家机构中的地位和影响力，审计结果公告是审计机关提供审计信息、实现自选择行为的体现。

政府审计的目标在于国家治理效力的发挥，审计结果公告有利于政府审计质量的提升，明确了提升政府审计质量具有深刻的作用和意义。①不断提高政府审计质量有利于改善地方政府治理效率，更好地保障和促进政府有效履行公共受托经济责任，发挥国家治理的功效。②利用各级审计机关和审计人员的行业专长和政府审计特有的审计独立性，监督政府合理、有效利用财政资金，规范公权力的运行，履行公权力运行责任。③提高国家审计机关的审计能力和审计影响力，实现审计人员职业晋升目标的自我需求。审计结果公告通过提供已鉴证的政府信息，能够减少地方政府财政资金使用过程中的违法违规和损失浪费行为，有助于提高公共资金的使用效率，减少地方政府的无效率支出，合理控制地方政府的支出规模，进而提升其行政管理效率。政府审计通过监控地方政府公共经济权力的运行状况，能够有效促进地方官员切实履行公共受托经济责任，减少寻租腐败行为的发生，提升地方政府的腐败治理效率。

理论基础部分主要从受托经济责任理论、知情权理论、信号传递理论、委托代理理论、公共选择理论和政府绩效管理理论六个方面讨论审计结果公告如何作用政府审计质量。

在理论分析的基础上，对如何通过审计结果公告提升政府审计质量的实现路径进行了阐述。通过审计结果公告促进审计揭示、抵御和预防功能的发挥，以实现政府审计质量水平的提升，为接下来构建政府审计质量的综合测量指标体系提供理论支撑。

第四章

政府审计质量测量体系的构建

第三章对审计结果公告和政府审计质量之间的内在关联性进行了分析，讨论了审计结果公告作用政府审计质量的理论基础和实现路径，并结合政府审计质量提升的经济后果，构建了基于审计结果公告的分析框架，从理论层面阐述和分析了提升政府审计质量水平的意义和作用，明确和强调了改革和完善审计结果公告的必要性和重要性。

审计结果的对外公开提高了政府信息的透明度，满足了社会公众的知情权。使审计机关和被审计单位的行为受到了社会公众的监督。审计人员有动机更加遵循审计准则的要求，减少审计合谋的产生；审计人员有动机积极发现和查处违规违纪问题，展现专业素质和职业精神；审计人员有动机报告审计结果，展现政府审计的地位和影响力，提高审计机关的政治竞争力，实现审计人员自身的职业晋升，满足社会公众获取审计信息的信息权和知情权。

那么，政府审计质量水平如何在实证研究中加以衡量？政府审计质量的测量一直是学术界和理论界关注的焦点问题之一，因政府审计质量的过程难以量化，所以至今没有统一的标准。政府审计质量的本质在于审计功能的实现和发挥。本章从实现审计三大功能的角度构建政府审计质量测量体系。首先，强调建立政府审计质量测量体系的重要性。其次，探讨审计结果公告促进审计三大功能实现的作用路径。最后，确立政府审计质量的测量体系，实证检验地方政府的政府审计质量水平，为下一章实证分析审计结果公告与政府审计质量作铺垫。

一、建立政府审计质量测量体系的重要性

对于政府审计质量的内涵界定，理论界和实务界有着不同的解释和阐释。由于分析的侧重点不同，因此在后续分析政府审计质量的衡量标准时会存在差异。从文献资料来看，选定为政府审计质量衡量指标的那些变量在有些文献中是政府审计质量的替代变量；有些文献则认定为政府审计质量的影响因素还有些文献不直接针对政府审计质量本身进行衡量，而是就单个影响政府审计质量的因素进行分析，通过对该因素的影响来间接反映政府审计质量的高低。然而，这样一来，政府审计质量的衡量指标便无法确定，关于政府审计质量影响因素的分析就很难开展，通过什么渠道和途径来提升政府审计质量也会因此受到影响。而对于政府审计质量的描述和衡量，原本就是一个复杂的动态过程。制度背景和环境不同，对政府审计质量的要求也不同。政府审计质量的衡量不应该仅仅通过单个指标进行替代衡量。

基于此，本书认为，构建衡量政府审计质量的测量体系十分必要。本章的研究目的就是讨论如何从政府审计质量的定义入手，结合审计功能的实现来构建政府审计质量的测量指标体系。

二、审计结果公告与审计功能实现

政府审计质量的本质在于促进审计功能的发挥和审计功能的实现。刘家义提出，审计功能包含揭示功能、抵御功能和预防功能。在对审计结果公告作用和影响政府审计质量进行理论分析的基础上，本节结合审计三大功能，分析审计结果公告促进审计功能实现，进而提高政府审计质量的作用路径。

（一）审计结果公告促进审计揭示功能实现的作用路径

揭示功能是审计三大功能中最基本也是最重要的功能。委托代理关系的存在以及委托人让渡公共资源的运营和配置权力，使得受托人拥有了对公共资源和财政资金的运营权。公权力往往因为掌权人追求自身阶层的利益最大化而发生公权力异化。社会公众不允许这种以权谋私的行为发生，不允许把公权力变成为少数人谋取私利的工具和方法。这就要求一些独立性的专门机构遵循法律原则实施监督和制约。通过特定的途径和方法将这些违规违纪行为和问题揭示出来，严厉查处经济犯罪，违规占用资金和社会公众资源，破坏环境，铺张浪费等损害公众和人民利益的行为，保障经济社会安全、健康运行。审计结果公告制度的出台，使得审计的揭示功能发挥得淋漓尽致。审计机关通过审计结果公告，向社会公众和利益全体公布审计信息，揭示违规违纪行为，揭示审计处罚意见，揭示被审计单位整改情况。通过审计结果公告对外公开内容，使社会公众对被审计单位的违规违纪行为有所了解和掌握，在社会公众的监督下，积极应对整改问题，切实规范自身行为。

图 4-1 显示了审计结果公告促进审计揭示功能实现的作用路径。审计的揭示功能就要将审计结果对外公开，把审计机关和审计人员在对被审计单位实施审计过程中，发现和查处的问题向社会公众报告。社会公众作为公共资源和公共资金的所有者，对审计信息具有知情权。审计人员报告违规问题的概率就是审计揭示功能的具体体现。改变之前只有极少数人知晓审计结果的状态，在保密条款允许的范围内，积极将审计结果对外公开，提高审计信息的透明度。审计揭示功能发挥得越充分，政府审计质量提升的程度就会越高。

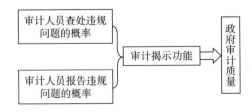

图 4-1　审计结果公告促进审计揭示功能实现的作用路径

（二）审计结果公告促进审计抵御功能实现的作用路径

抵御功能的实现以揭示功能的实现为基础，该功能强调审计机关在我国经济监督体系中的独立性和必要性。中国拥有不同于其他国家的特殊的政治经济体制，这决定了政府审计的目标具有鲜明的中国特色（王会金等，2012）。政府审计被认为是国家治理的重要组成部分，行政审计模式赋予了审计机关必要的行政权力，使审计机关在公共事务中可以承担更重要的角色。审计机关不仅应该具备发现问题、查处问题的能力，还应该具备及时纠正被审计单位违规违纪行为的能力。

遵循审计的内在规律，坚决开展审计监督，发挥审计国家治理的功效。以遵循审计准则为标准，不受外界行政体制或体系的干预和阻挠，坚决揭露和查处违规违纪问题，坚决向有关部门和组织机构提出制度和体制建设意见。以独立的第三方角色，承担起审计应该担负的责任和义务，保障国家和经济的运行平稳和健康。审计署和各级审计机关公布的审计结果公告主要以披露审计实施过程中发现和查处的问题为主，揭示政府、部门、组织机构和企业的不足和缺陷。这势必会受到被审计单位的阻挠，被审计单位不愿意审计机关对外公布和公开这些问题，以免对自身利益造成影响。这就需要审计机关发挥审计独立性，客观、公正地反映审计结果，保障和监督公共受托经济责任的有效履行。审计结果公告作为审计信息公开的重要载体，展现了审计内在规律，发挥了审计独立性，促进了审计抵御功能的实现。

图4-2显示了审计结果公告促进审计抵御功能实现的作用路径。审计抵御功能的发挥，需要建立在审计机关遵循审计准则的基础上，不受外界的干扰，独立行使审计职责。因而，审计人员遵循审计准则的程度是反映审计抵御功能的重要衡量指标。审计抵御功能还体现在审计机关和审计人员纠正违规行为的概率。在现行行政审计模式下，审计机关的独立性会受到行政部门的干预，审计人员出于审计风险和自身职业发展的考虑，在下达审计决议书和出具审计结论的时候，往往没有依据实施审计过程中查出的违规问题给予全面、客观的表达，对于被审计单位的整改情况也缺少持续的跟踪。因而，审计人员纠正违规行为的概率也是审计抵御功能发挥的重要考量指标。被审计单位整改不

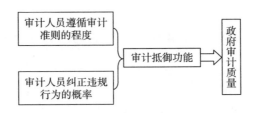

图 4 - 2　审计结果公告促进审计抵御功能实现的作用路径

及时、屡审屡犯的现象会拉大社会公众对政府审计质量的期望与现实政府审计质量的差距，面对社会公众的舆论谴责，会给被审计单位施加压力，督促其尽快完成整改，规范自身行为。这样的审计执行效果得到了明显的改善，促进了政府审计质量的提升。

（三）　审计结果公告促进审计预防功能实现的作用路径

审计预防功能的发挥就是审计机关和审计人员遵照审计准则，充分发挥审计的监督作用，把相关组织部门及所属企业的违规行为扼杀在摇篮中。一方面，对于发现的苗头性和倾向性问题，及时发出警告，防止这些苗头性和具有倾向性的问题转变为真实的违规违纪问题。另一方面，则体现在威慑作用上，通过查处和披露被审计单位的违规违纪问题，引起其他部门和组织的警惕，及时纠正和规范自身行为，时刻保持违规必被查处的危机感。审计结果公告通过及时将审计信息对外披露，被广泛地获悉，社会公众会看到，被审计单位会看到，非被审计单位也会看到、了解到。这些组织机构和所属企业通过审计结果公告获悉这些违规问题和处罚结果，将被审计单位的违规问题和审计机关给予的审计处罚结果与自身的实际情况进行比较，发现类似问题会及早纠正，依法行事，有效发挥审计的预防功能。

根据国家审计的免疫系统理论，政府审计要善于发现问题、查处问题，但查处问题并非政府审计的根本目的，政府审计的根本目的是根据发现的问题，从体制、机制、政策层面分析问题的根源，帮助被审计单位完善制度、改善管理、增进绩效，从而起到堵塞漏洞、防范风险、避免问题再次发生的预防作用。

图 4-3 反映了审计结果公告促进审计预防功能实现的作用路径。从审计人员发现违规问题和查处违规问题的概率可以看出审计机关和审计人员在对被审计单位实施审计过程中发现问题的能力，这一能力可以体现在审计机关和审计人员发现苗头性和趋势性问题上。同时，发现和查处的违规问题越多，向社会公众和所有组织结构及其所属企业传递的违法必被查的信号就越强，可以起到有效的震慑作用，预防违规违纪问题发生。社会公众满意度和信任度是审计功能发挥的有效动因，审计机关和审计人员积极预防违规违纪问题，就是为了更好地监督政府有效履行公共受托经济责任，维护公共资源和公共资金的有效配置和利用，保证社会公众的利益。审计预防功能的实现反映出政府审计质量的不断提升。

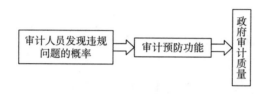

图 4-3　审计结果公告促进审计预防功能实现的作用路径

三、政府审计质量测量体系的确立

政府审计质量是审计机关在遵循审计准则的前提下，满足审计信息供需双方期望，在保障和促进公共受托经济责任有效履行过程中，发现问题、查处问题、报告问题和纠正违规行为的条件概率。该定义说明政府审计质量不仅包含审计机关在实施过程中的程序质量，还包含审计结果质量。现有研究表明，结果审计质量与过程审计质量存在显著的正相关关系。因此，在无法获取审计过程信息的情况下，结果审计质量成为了过程审计质量恰当的替代指标（王芳，2009；王芳、周红，2010）。因此，本书在衡量政府审计三大功能的发挥和构建政府审计质量测量指标体系中，对可观测到的单位审计发现问题金额、人均审计发现问题金额、单位提交审计工作报告规模、已上缴财政金额比率、已减少财政拨款或财政补贴比率、移送案件处理率、审计覆盖率和审计建议被采纳率进行讨论。

（一） 反映审计揭示功能的政府审计质量测量指标

单位审计发现问题金额。审计监督的主要工作之一就是检查公共资金是否被恰当使用。这也是衡量社会公众对政府审计质量满意度的重要指标之一。审计机关发现的问题资金的规模越大，说明审计机关发现和查处违规问题的积极性越高，社会公众感知的政府审计质量越高。

人均审计发现问题金额。各级审计机关存在地区性差异，审计人员的规模和专业胜任能力方面也存在差异。考察人均审计发现问题的金额，就是考察审计人员自身在发现和查处问题公共资金过程中的作用和能力，也是反映政府审计揭示质量的一个重要指标。

单位提交审计工作报告规模。审计的揭示功能一方面体现在发现和查处问题上，另一方面则体现在报告违规问题和提出审计建议、意见方面。审计机关对被审计单位实施审计之后，需要对审计情况出具审计结论和审计决议书，并向有关部门提交相应的审计报告，给出审计意见和建议。以书面形式报告审计结果也是审计揭示质量的重要体现。只审计而不客观公正地报告审计结果，无法体现政府审计质量，会降低对政府审计质量的主观感知满意度。因此，单位提交的审计工作报告规模和数量也是审计揭示质量的另一个重要指标。

具体的指标定义如表 4 - 1 所示：

表 4 - 1　反映审计揭示功能的政府审计质量变量定义

变量名称	变量符号	变量定义和说明
单位审计发现问题金额	AudVioD	（违规问题资金规模 + 损失浪费资金规模 + 管理不规范资金规模）/被审计单位规模
人均审计发现问题金额	AudVioP	（违规问题资金规模 + 损失浪费资金规模 + 管理不规范资金规模）/审计人员规模
单位提交审计工作报告规模	AudReport	提交审计工作报告规模/被审计单位规模

（二）反映审计抵御功能的政府审计质量测量指标

行政复议和行政应诉案件规模。审计人员以遵循审计准则为前提条件开展和实施审计工作。审计过程的合法性和合规性是必须遵守的。行政复议和行政应诉案件的数量少，说明审计机关规范性好，遵循审计准则的程度高。

已上缴财政金额比率。该指标反映了被审计单位的整改情况。审计人员遵循审计准则依法审计，被审计单位对于审计意见重视和认可，在行为上积极配合实施整改工作，规范自身行为。

已减少财政拨款或财政补贴比率。该指标反映了被审计单位的整改情况。和已上缴财政金额比率一样，两个指标的数值越大，表明被审计单位实施整改的效果越好，审计的抵御质量因此得到体现。

具体的指标定义如表4-2所示。

表4-2 反映审计抵御功能的政府审计质量变量定义

变量名称	变量符号	变量定义和说明
已上缴财政金额比率	AudDel	已经上缴的财政资金规模/应上缴的财政资金规模
已减少财政拨款或财政补贴比率	AudSub	（已经减少的财政拨款金额＋已经减少的财政补贴金额）／（应该减少的财政拨款金额＋应该减少的财政补贴金额）

（三）反映审计预防功能的政府审计质量测量指标

审计覆盖率。审计覆盖范围是衡量政府审计质量的一个重要因素。审计覆盖的范围越广，审计监督的范围就越大，更容易发现倾向性和苗头性问题，防止这些问题转变为真实的违规违纪行为。

移送案件处理率。移送案件处理率是审计机关和审计人员在依法实施审计过程中发现和查处的违规违纪案件，并根据相关法律法规将涉案人员移送有关部门处理。移送案件处理率越高，说明有关部门对审计行为的认可度越高，体现了审计在经济监督和国家治理中的独立性和重要性，也说明了审计机关的审计信息具有较高的影响力，展现出了政府审计的威慑力。

审计建议被采纳率。审计建议是审计机关对未来开展审计工作的计划和想法，也是对已开展审计项目的总结和归纳。通过审计建议，对目前在审计实施过程中发现的问题提出应对策略，以更好地开展审计工作，发挥审计的监督和治理效力。审计机关和审计人员提出的审计建议被采纳率越高，表明审计机关和审计人员受重视程度越高，政府审计的地位越高，影响力越大，公权力部门更能意识到规范自身行为、有效履行公共受托经济责任的重要性，进而促进了政府审计预防功能的发挥。

具体的指标定义如表4-3所示：

表4-3　反映审计预防功能的政府审计质量变量定义

变量名称	变量符号	变量定义和说明
审计覆盖率	AudCover	被审计单位数量/应审计单位数量
移送案件处理率	AudCase	移交案件已处理数量/（移送司法机关的案件数量＋移送纪律检查机关的案件数量＋移送相关部门的案件数量）
审计建议被采纳率	AudAcc	提交审计建议被采纳数量/提交相关部门的审计建议数量

（四）基于公众满意度和信任度的政府审计质量测量指标

满意度是公众对政府审计质量期望的实现程度，公众内心所期望的政府审计质量与实际的政府审计质量的差距越小，说明公众对政府审计质量的满意度越高。信任度是公众通过自身获取的审计信息，判断审计机关是否有效监督政府公权力有效运行的依据。公众认可审计机关在权力监控、监督、检查、处罚和治理中发挥的作用，认可审计机关提供的审计信息，说明公众对审计机关和审计人员的信任度高。

社会公众对政府审计质量的信任度和满意度来自社会公众的主观感知，在量化分析中不易找到替代变量加以衡量，本书采用问卷调查的形式获取相应数据（见表4-4）。

表4－4 基于公众满意度和信任度的政府审计质量测量指标

测量指标	考察方面
公众对政府审计质量的信任度	对审计机关遵守审计准则的信任度 对审计机关发现问题能力的信任度 对审计机关处理问题能力的信任度 对审计机关报告问题能力的信任度
公众对政府审计质量的满意度	对审计机关监督公共资金，维护公共利益的满意度 对审计机关监督政府有效利用公共资金，提高资金利用率的满意度 对审计机关有效监督公权力运行的满意度 对审计机关惩治腐败的满意度 对审计机关披露所需审计信息的满意度

（五）基于审计三大功能的政府审计质量测量指标的实证检验分析

1. 数据来源

本书以我国30[①]个省（自治区、直辖市）的数据为研究对象，实证检验了基于审计三大功能的政府审计质量测量指标。本书主要是讨论审计结果公告对政府审计质量的影响，而我国各省级审计结果公告制度起步晚于政府审计结果公告制度，直到2008年，大多数省份才以审计结果公告的形式报告审计结果。为方便与后续研究审计结果公告影响政府审计质量的有关数据相一致，本节实证分析的数据主要来自2009～2014年的《中国统计年鉴》《中国审计年鉴》和《中国财政年鉴》。

2. 描述性统计分析

根据前文对政府审计质量测量指标的描述，本节以30个省（自治区、直辖市）的数据为基础，对各个指标进行描述性统计分析，见表4－5、表4－6和表4－7。

---

① 截止到2013年，西藏尚未对外公开审计结果公告，结合相关文献的做法，本书也剔除了西藏。

表4-5　基于揭示功能的政府审计质量度量指标分地区统计表

地区	单位审计发现问题金额			人均审计发现问题金额			单位提交审计工作报告规模		
	年度均值	最小值	最大值	年度均值	最小值	最大值	年度均值	最小值	最大值
安徽	0.0111	0.0053	0.0283	0.0330	0.0158	0.0861	0.8335	0.5222	1.0972
北京	0.0463	0.0056	0.1780	0.0279	0.0031	0.1075	1.4987	1.0782	2.3019
福建	0.0156	0.0070	0.0317	0.0300	0.0135	0.0641	1.2449	1.0023	1.6142
甘肃	0.0063	0.0012	0.0257	0.0100	0.0015	0.0375	0.4642	0.1688	1.0023
广东	0.0166	0.0064	0.0338	0.0256	0.0114	0.0534	0.8546	0.3482	1.3610
广西	0.0178	0.0135	0.0231	0.0314	0.0243	0.0360	0.3049	0.1266	0.7596
贵州	0.0089	0.0058	0.0115	0.0123	0.0073	0.0166	1.0128	0.8018	1.1711
海南	0.0213	0.0058	0.0445	0.0240	0.0067	0.0547	1.0550	0.1913	1.3399
河北	0.0294	0.0166	0.0393	0.0353	0.0260	0.0468	0.9582	0.8096	1.0529
河南	0.0239	0.0150	0.0328	0.0348	0.0205	0.0418	0.6858	0.5592	1.0234
黑龙江	0.0268	0.0128	0.0443	0.0524	0.0277	0.0781	1.1225	0.5592	2.2366
湖北	0.0393	0.0136	0.0862	0.0480	0.0179	0.0993	1.3293	0.4748	1.9096
湖南	0.0184	0.0126	0.0272	0.0317	0.0235	0.0451	0.6647	0.3735	1.0656
吉林	0.0456	0.0206	0.0912	0.0879	0.0410	0.1055	0.5855	0.2346	1.2660
江苏	0.0254	0.0213	0.0314	0.0506	0.0399	0.0603	1.1245	0.6319	1.4981
江西	0.0110	0.0059	0.0196	0.0317	0.0193	0.0514	0.5697	0.1899	1.0550
辽宁	0.0114	0.0075	0.0180	0.0204	0.0151	0.0301	0.7613	0.4853	1.1564
内蒙古	0.0148	0.0017	0.0260	0.0299	0.0040	0.0481	0.8205	0.5064	1.2563
宁夏	0.0338	0.0156	0.0580	0.0538	0.0241	0.0805	0.9390	0.5381	1.5931
青海	0.0067	0.0020	0.0172	0.0134	0.0042	0.0341	0.4959	0.2216	1.1579
山东	0.0372	0.0272	0.0563	0.0667	0.0459	0.0968	1.2871	1.1922	1.4243
山西	0.0232	0.0113	0.0443	0.0486	0.0264	0.6325	0.7291	0.4748	1.3728
陕西	0.0146	0.0067	0.0256	0.0364	0.0163	0.0628	0.4009	0.1794	0.9857
上海	0.0402	0.0094	0.0875	0.0378	0.0087	0.0783	1.3928	1.1025	1.9201
四川	0.0241	0.0060	0.0559	0.0246	0.0145	0.0372	1.2871	0.2060	2.5215
天津	0.0661	0.0241	0.1062	0.0589	0.0144	0.6016	1.4670	1.0498	2.1287
新疆	0.0111	0.0106	0.0232	0.0261	0.0160	0.0332	0.9812	0.1899	1.0993
云南	0.0095	0.0045	0.0161	0.0198	0.0086	0.0430	0.7174	0.3482	1.0836
浙江	0.0239	0.0116	0.0349	0.0495	0.0254	0.0629	1.0972	0.3501	1.3821
重庆	0.0422	0.0016	0.0956	0.0754	0.0112	0.1040	0.9073	0.2954	1.1711

　　表4-5展示了各省份单位审计发现问题金额、人均审计发现问题金额和单位提交审计工作报告规模的年度均值、最小值和最大值。①在单位审计发现

问题金额方面。天津市是单位审计发现问题金额最高的地区，年均值为0.0661，最大值达到了0.1062，表明审计机关在实施审计的过程中积极发现和查处了被审计单位的违规问题资金。而单位审计发现问题金额最低的省份为甘肃，年均值为0.0063，最小值仅为0.0012。这说明各省份之间在单位审计发现问题金额方面存在较大差异。综观各省份的整体情况，单位审计发现问题金额大体介于0.01~0.04，低于0.01的省份有4个，分别是甘肃、贵州、云南和青海，高于0.04的有5个地区，分别是北京、吉林、上海、天津、重庆。4个直辖市的单位审计发现问题金额均比较高，可能是因为经济发达地区对审计部门的经费投入比较多，有利于审计机关组织审计人员开展和实施审计工作。②在人均审计发现问题金额方面。吉林是人均审计发现问题金额最高的省份，年均值为0.0879，最大值为0.1055。排在第二位和第三位的是重庆和天津，人均审计发现问题金额分别为0.0754和0.0589。人均审计发现问题金额偏低的是甘肃、贵州和青海，年均值仅有0.012左右，云南也不足0.02，与排名靠前的三个地区相差近8.8倍。一方面是审计发现问题的规模较小，另一方面是审计人员规模较大。吉林、天津和重庆无论是单位还是人均审计发现问题金额都比较高，说明审计机关在发现和查处问题资金方面成绩比较突出。而青海和云南则在两个指标中的数值都较低，说明政府审计质量还有待进一步提升，需要提高审计机关和审计人员的专业胜任能力。③在单位提交审计工作报告规模方面。从整体来看，30个省份提交审计工作报告的积极性都比较高，对审计工作的重视程度也普遍较高，重视在实施审计过程中发现问题，并积极提交工作报告。其中，有12个省份的单位提交审计工作报告规模超过了1，在各省市年度最高值中，有4个省份的单位提交审计工作报告规模在2以上。在年度均值中，低于0.5的仅有4个省份。

表4-6 基于抵御功能的政府审计质量度量指标分地区统计表

地区	已上缴财政金额率			已减少财政拨款或财政补贴率		
	年度均值	最小值	最大值	年度均值	最小值	最大值
安徽	0.8142	0.0926	1.4656	0.1821	0.0791	1.8832
北京	0.9815	0.0835	3.7185	1.2808	0.0823	3.7329
福建	0.5589	0.0048	4.3885	0.9737	0.0812	2.0271

续表

地区	已上缴财政金额率			已减少财政拨款或财政补贴率		
	年度均值	最小值	最大值	年度均值	最小值	最大值
甘肃	0.3075	0.1645	4.7100	0.4255	0.0392	0.7891
广东	0.9725	0.0572	1.1958	1.1755	0.0842	5.2810
广西	0.6584	0.0279	1.2482	0.6658	0.0628	0.9741
贵州	0.7176	0.1751	1.8148	0.6176	0.0329	0.8893
海南	0.7599	0.0989	2.2381	0.7574	0.0924	3.2397
河北	0.8745	0.0194	2.6108	0.7715	0.0392	1.9243
河南	0.6996	0.0034	2.2874	0.6922	0.0089	5.2191
黑龙江	0.8584	0.3637	0.8362	0.5395	0.0193	1.3955
湖北	0.6122	0.0749	0.5550	0.6719	0.0212	1.5359
湖南	0.6624	0.1041	0.6796	0.8042	0.0529	2.2045
吉林	0.2247	0.1567	1.6094	0.1792	0.0039	0.7832
江苏	0.9811	0.0456	1.5734	0.7533	0.0731	1.5821
江西	0.8288	0.0927	1.5543	0.8755	0.0091	2.3211
辽宁	0.5071	0.0252	1.5964	0.7228	0.0823	3.0392
内蒙古	0.9750	0.0807	1.4006	0.8826	0.0096	2.9846
宁夏	0.5328	0.0482	1.6338	0.7788	0.0197	2.6739
青海	0.8802	0.0815	1.3237	4.6821	0.0538	23.7735
山东	0.8714	0.1589	4.8735	0.6515	0.0137	1.9373
山西	0.7469	0.0728	5.0825	0.6235	0.0936	1.8427
陕西	0.8057	0.4204	8.8772	0.5070	0.0092	2.5506
上海	0.6835	0.0376	1.1362	0.7839	0.0073	1.3957
四川	0.8882	0.0621	1.9738	0.6573	0.0932	3.5921
天津	0.9655	0.0141	1.0426	1.1967	0.0729	10.3295
新疆	0.7137	0.0237	2.8709	0.6652	0.0036	2.3892
云南	0.8500	0.0330	1.4789	0.8032	0.0976	1.5931
浙江	0.7539	0.0405	0.9814	0.6556	0.0335	8.4927
重庆	0.9748	0.1821	1.4037	3.7839	0.6921	19.7330

已上缴财政金额率和已减少财政拨款或财政补贴率反映了审计机关在实施审计过程中发现的问题和被审计单位的整改情况。表4-6对反映审计抵御质

量的两个指标分省份进行了统计分析。从统计结果来看，各省份已上缴财政金额率主要介于 0.5 ~ 0.9，均值为 0.7554。最高的北京已上缴财政金额率达到了 0.9815，广东、江苏、内蒙古、天津、重庆也都在 0.96 以上；而最低的吉林已上缴财政金额率仅为 0.2247，甘肃也只有 0.3075。各地区已减少财政拨款或财政补贴率的均值为 0.9587，与已上缴财政金额率相比，各省份间的差距更为明显，青海和重庆两地已减少财政拨款或财政补贴率分别为 4.6821 和 3.7839，而吉林和安徽两省只有 0.1792 和 0.1821。从整体来看，对于地方审计机关发现的问题，地区间被审计单位的整改情况存在比较大的差异。

表 4-7 基于预防功能的政府审计质量度量指标分地区统计表

地区	审计覆盖率			审计建议被采纳率			移送案件处理率		
	年度均值	最小值	最大值	年度均值	最小值	最大值	年度均值	最小值	最大值
安徽	0.1854	0.1395	0.2095	0.3937	0.2602	0.7997	0.7980	0.0321	2.0535
北京	0.0577	0.0520	0.0640	0.8668	0.3892	0.9446	0.8864	0.0428	0.9833
福建	0.1032	0.0867	0.1119	0.6020	0.3309	0.8903	0.3936	0.0351	6.6421
甘肃	0.2114	0.1804	0.2707	0.2695	0.1653	0.8293	0.3724	0.0579	8.0442
广东	0.0941	0.0827	0.1053	0.3360	0.1091	0.7178	0.5280	0.0172	7.1866
广西	0.0611	0.0516	0.0751	0.2373	0.0438	0.7532	0.3364	0.0605	11.3901
贵州	0.0881	0.0803	0.0939	0.3003	0.0459	0.5025	0.3856	0.0372	12.0301
海南	0.1040	0.0674	0.1309	0.2946	0.1097	0.3295	0.3701	0.0219	9.4070
河北	0.1007	0.0879	0.1301	0.4048	0.1223	0.5130	0.5654	0.0895	2.1837
河南	0.1552	0.1294	0.1946	0.3850	0.1699	0.6514	0.5376	0.1787	11.3128
黑龙江	0.1481	0.1010	0.1883	0.3795	0.0218	0.6318	0.5469	0.1602	3.2508
湖北	0.1034	0.0880	0.1439	0.4549	0.1528	0.6241	0.7315	0.1094	11.7818
湖南	0.1214	0.1065	0.1376	0.4648	0.0625	0.6789	0.6378	0.1159	9.9451
吉林	0.1416	0.1273	0.1670	0.3854	0.0917	0.6553	0.5973	0.0994	6.6466
江苏	0.1390	0.1077	0.2097	0.6743	0.1709	0.7316	0.6743	0.0427	8.9635
江西	0.2057	0.1526	0.2484	0.4730	0.0252	0.8463	0.4552	0.0907	13.8964
辽宁	0.1350	0.1093	0.1551	0.3927	0.0341	0.5701	0.5895	0.0179	1.8366
内蒙古	0.2297	0.1921	0.2471	0.8393	0.2020	0.9627	0.6752	0.0468	2.3984
宁夏	0.2207	0.1867	0.2773	0.3927	0.2029	0.8656	0.3748	0.0154	12.5181
青海	0.1999	0.1805	0.2197	0.2860	0.1378	0.4746	0.2237	0.0189	2.8825

续表

地区	审计覆盖率			审计建议被采纳率			移送案件处理率		
	年度均值	最小值	最大值	年度均值	最小值	最大值	年度均值	最小值	最大值
山东	0.1836	0.1711	0.2166	0.4290	0.3135	0.8724	0.5982	0.0539	2.0601
山西	0.1911	0.1234	0.2666	0.4378	0.1991	0.8954	0.5269	0.0228	1.3484
陕西	0.1596	0.1416	0.1773	0.4946	0.3396	0.9271	0.6276	0.1928	10.0641
上海	0.0421	0.0379	0.0699	0.5258	0.0524	0.7343	0.6929	0.0185	1.1598
四川	0.0870	0.0183	0.1250	0.3058	0.0490	0.4712	0.5498	0.0286	1.6478
天津	0.0719	0.0496	0.0865	0.7057	0.1799	0.8537	0.6677	0.0198	11.2805
新疆	0.1494	0.1377	0.1674	0.3065	0.1536	0.8552	0.6474	0.0144	1.8247
云南	0.1714	0.1407	0.2332	0.4169	0.2629	0.6457	0.3233	0.0891	2.0967
浙江	0.1256	0.1038	0.1494	0.4752	0.2994	0.5228	0.7460	0.0563	0.8439
重庆	0.1629	0.0705	0.3617	0.4697	0.0525	0.6222	0.6514	0.0794	21.5796

从表 4 - 7 可以看出,在 30 个省份中,年均审计覆盖率主要分布在 10% ~ 20%,说明全国大约有 1/6 的组织和部门接受过审计机关的审计。但也存在各省份之间差距悬殊和同一省份在不同年份波动较大的情况。最低的为四川,年均审计覆盖率最低仅为 1.83%;最高的为重庆,年均审计覆盖率最高达到了 36.17%,也是 30 个省份中年度波动最为剧烈的省份。从均值来看,甘肃的年均审计覆盖率的均值最高,5 年间大约有 21.14% 的组织和部门接受过审计机关的审查。江西、内蒙古、宁夏的年均审计覆盖率也都超过了 20%。这 5 年间,年均审计覆盖率最低的是北京和上海,仅为 5.77% 和 4.21%,不足 6%。由此可以看出,就审计覆盖率来说,部分地区的审计机关还需进一步加大对组织机构的审计覆盖面;审计覆盖率还比较低的省份合理安排审计计划,加强对还未接受过政府审计的组织部门的审查力度;审计覆盖率年度波动比较大的省份,改进审计的方式方法,将审计覆盖率维持在比较高的水平上。

从审计建议被采纳率和移送案件处理率两项指标来看,各省移送案件处理率的年平均值为 0.9542,对于审计机关移送相关部门的案件,相关部门的认可和重视反映出了政府审计具有较高的影响力水平。审计建议被采纳率的年均值也达到了 0.4632,这为政府审计发挥审计预防功能奠定了坚实的基础,被审计单位会更加重视审计机关开展的审计项目,也会更加规范自身的行为,及时纠正部门内部存在的苗头性和趋势性问题。各个省份的具体数据也反映出,目前部分地区审计机关移送案件处理率和审计建议被采纳率存在一定的差距，北京、福建、江苏、内蒙古、天津的审计建议被采纳率在60%以上，而甘肃、广西、海南、青海等省份的审计建议被采纳率不足30%，移送案件处理率也较其他地区低，仅仅维持在0.35左右。这说明部分地区审计机关在查处重大违规问题，提交的审计建议和意见在内容和质量上还存在一定的距离，应加紧提升各地区审计机关和一线审计人员的专业胜任能力，提升政府审计的威慑力和影响力，更好地促进审计预防功能的发挥和政府审计预防质量的提升。

（六）基于公众对政府审计质量满意度的问卷调查分析

1. 模型与变量设定

通过前面章节的分析，本节通过测量模型 $y = \wedge_y Y + \delta$、$z = \wedge_z Z + \varepsilon$ 反映公众对政府审计质量满意度、审计结果公告的潜变量与其显变量之间的关系，$Z = \alpha Y + \xi$ 表达潜变量之间的因果关系。具体的潜变量与显变量见表4-8和表4-9。

表4-8　潜变量（公众对政府审计质量的满意度）与其显变量

潜变量	显变量	标记
公众对政府审计质量的满意度（Y）	对审计机关监督公共资金，维护公共利益的满意度	y_1
	对审计机关监督政府有效利用公共资金，提高资金利用率的满意度	y_2
	对审计机关有效监督公权力运行的满意度	y_3
	对审计机关惩治腐败的满意度	y_4
	对审计机关披露所需审计信息的满意度	y_5

表4-9　潜变量（公众对审计结果公告的认知）与其显变量

潜变量	显变量	标记
公众对审计结果公告的认知（Z）	公告信息披露力度	z_1
	公告信息披露及时性	z_2
	公告内容相关度	z_3
	公告内容可理解度	z_4

2. 样本与数据

本节数据来源于在成都市（2015 年 10 月）、深圳市（2015 年 12 月）、武汉市（2016 年 1 月）进行的问卷调查。通过调查问卷的形式考察社会公众对政府审计质量的满意度和信任度。考虑到社会公众应该包含不同的文化水平、年龄阶段、工作属性，以及社会公众所处的社会环境和经济发展水平对其思维方式和关注焦点的影响，为了使样本数据更具有代表性，在调查过程中选取了3 个发展程度不同的城市，共发放调查问卷 900 份，每个城市 300 份。回收879 份，对原始问卷进行初步筛选，去掉填写不完整、逻辑前后矛盾、作答雷同的调查问卷 221 份，有效调查问卷共 658 份。为避免因城市差异造成的调查结果偏差，去掉成都和武汉两市多出的 61 份调查问卷，最终获得 597 份调查问卷，成都、深圳、武汉 3 市各 199 份。该 597 份调查问卷的具体特征描述性统计见表 4 - 10 和表 4 - 11。

表 4 - 10 调查问卷特征统计

特征	分类	占比（%）	特征	分类	占比（%）
年龄	[16, 19]	3.1	性别	男	52.9
	[20, 23]	15.6		女	47.1
	[24, 30]	21.8	职业	国家机关、党群组织、企事业单位负责人	16.9
	[31, 40]	20.9		专业技术人员	19.2
	[41, 50]	16.1		办事人员	17.2
	[51, 60]	13.6		商业、服务业人员	15.6
	[61, ∞)	8.9		农林牧渔水利业生产人员	0.6
文化水平	高中	5.8		生产、运输操作人员	3.2
	大专	21.1		军人	4.5
	本科	46.9		学生	8.9
	研究生及以上	26.2		离退休人员	13.9

从表 4 - 10 中可以看出，调查问卷具有较好的总体异质性，参与调查的社会公众包含了不同年龄阶段、文化水平和职业，性别占比也比较均衡，为后续的分析奠定了基础。

表 4 – 11　显变量描述性统计

显变量	均值	标准差	最小值	最大值
y_1	5.592	0.781	1	10
y_2	5.109	0.439	1	10
y_3	5.321	0.423	1	10
y_4	5.227	0.472	1	10
y_5	5.283	0.392	1	10
z_1	3.597	0.105	1	10
z_2	3.535	0.129	1	10
z_3	3.853	0.089	1	10
z_4	5.459	0.112	1	10

调查问卷采用 Likert10 级量表。从显变量的描述性统计结果来看，社会公众对政府审计质量的满意度居于适中的位置。在审计结果公告的认知上，审计结果公告在披露力度、及时性和内容相关性方面还有待加强，公告内容的可理解性得分适中。社会公众主观感知审计机关和审计人员较好地遵循了审计准则，对审计人员发现、查处和报告违规违纪问题的满意度较高。而在审计机关和审计人员具体实施审计的过程中，从调查问卷的统计结果来看，社会公众认为审计机关和审计人员可以更好地监督公众资金，维护公共利益；可以更好地惩治腐败，监控公权力的运行，提高公共资金的使用效率。

3. 效度和信度检验

（1）效度检验。本节采用验证性因子分析中的载荷系数和测量模型对样本数据的拟合程度进行检验。具体的效度检验结果见表 4 – 12 和表 4 – 13。

表 4 – 12　验证性因子分析的载荷系数

标准化因子载荷（λ）			T 值
Y	→	y_1	0.75	6.78
Y	→	y_2	0.76	14.21
Y	→	y_3	0.61	10.39

续表

标准化因子载荷（λ）				T 值
Y	→	y_4	0.74	6.55
Y	→	y_5	0.71	6.92
Z	→	z_1	0.73	3.88
Z	→	z_2	0.78	6.72
Z	→	z_3	0.77	16.15
Z	→	z_4	0.79	2.51

表 4-13　测量模型对样本数据的拟合程度

拟合指标	χ^2/df	RMSEA	SRMR	NFI	NNFI	CFI	IFI	GFI	AGFI
建议值	<5，>2	<0.08	<0.08	>0.9	>0.9	>0.9	>0.9	>0.9	>0.9
总量表	3.556	0.072	0.043	0.968	0.968	0.968	0.968	0.913	0.901
分量表									
公众对政府审计质量的满意度（Y）	2.916	0.056	0.039	0.942	0.922	0.946	0.995	0.906	0.964
公众对审计结果报告的认知（Z）	3.871	0.011	0.019	0.985	0.931	0.976	0.982	0.929	0.988

从量表的效度检验结果来看，因子载荷系数都比较高，T 值也均在 2 以上，说明量表中潜变量与显变量之间的关系设置得比较合理。在拟合系数中，各拟合指数都达到了建议可接受的范围，说明量表的效度水平不错。

（2）信度检验。本节利用内部一致性系数（Cronbach's α）对调查问卷的信度进行检验。具体信度检验结果见表 4-14。

表 4-14　内部一致性系数（Cronbach's α）

潜变量	Cronbach's α	显变量	被删除后的 Cronbach's α
公众对政府审计质量的满意度（Y）	0.889	y_1	0.865
		y_2	0.801
		y_3	0.735
		y_4	0.792
		y_5	0.728

续表

潜变量	Cronbach's α	显变量	被删除后的 Cronbach's α
公众对审计结果报告的认知（Z）	0.867	z_1	0.836
		z_2	0.828
		z_3	0.832
		z_4	0.783

从量表的信度检验结果来看，量表整体的内部一致性系数（Cronbach's α）为 0.916，各潜变量的内部一致性系数（Cronbach's α）也都在 0.79 以上，量表的信度水平很高。观察被删除后的内部一致性系数（Cronbach's α）后发现，潜变量被删除后的内部一致性系数（Cronbach's α）均高于显变量的内部一致性系数（Cronbach's α），这表明调查问卷的一致性比较好。调查问卷包含的内容比较全面，所得到的分析量表具有可信性。

4. 结果分析

通过对调查问卷量表的描述性统计，以及信度和效度检验，表明调查问卷具有较好的效度和信度水平。基于此，本书用此方法来衡量基于公众满意度和信任度的政府审计质量的度量，为构建政府审计质量测量体系奠定基础。

（七）政府审计质量综合测量评价体系

本书结合政府审计质量的内在含义，从实现审计三大功能以及满足社会公众对审计信息的需求和政府审计质量的感知角度讨论了政府审计质量的测量指标；并对我国地方政府审计质量水平的现状进行了统计分析；对用于反映社会公众对地方政府审计质量水平的主观感知的调查问卷的设计合理性进行了分析检验。

政府审计质量的衡量是一个复杂的过程，包含发现、报告和处理违纪违法问题三个层面（DeAngelo，1981；赵劲松，2005；王悦堂和黄溶冰，2008；朱荣，2013）。因此，衡量政府审计质量不仅应该关注审计机关是否发现、报告了被审计单位的违法违纪问题，还应该关注审计机关是否履行了纠正职责（唐雪松，2012）。目前，在实证分析中，主要采用审计机关查处的违规违纪金额的规模（吴联生，2002；王芳，2009；李江涛，2011），移送案件处理率

（唐雪松，2012），审计机关提交审计工作报告规模（马曙光，2007）以及审计建议被采纳率（王芳，2009；唐雪松，2012）来衡量政府审计质量水平，并未真正从三个层面进行综合的分析和考量。这样一来容易导致对政府审计质量的衡量出现偏差。因此，本书尝试利用上述指标，从政府审计质量的定义出发，对政府审计质量进行综合的评价和测量。

结合相关文献，以及理论界和实务界对政府审计质量的研究，本书认为，政府审计质量是审计机关在遵循审计准则的前提下，满足审计信息供需双方期望，保障和促进公共受托经济责任有效履行，发现问题、查处问题、报告问题和纠正违规行为的条件概率。

因此，政府审计质量的表达式为：

政府审计质量＝P（审计机关发现问题、查处问题、报告问题、纠正违规行为/审计机关遵循审计准则，满足审计信息供需双方期望）

$$(4-1)$$

根据数学中对条件概率的定义，政府审计质量也可以表示为：

$$
\text{政府审计质量 AQ} = \frac{P（审计机关遵循审计准则，满足审计信息供需双方期望，发现问题、查处问题、报告问题、纠正违规行为）}{P（审计机关遵循审计准则，满足审计信息供需双方期望）}
$$

$$(4-2)$$

其中，审计机关是否遵循审计准则，以及审计机关和审计人员是否发现问题、查处问题、报告问题、纠正违规行为通过审计三大功能的发挥来体现，包括审计揭示质量、审计抵御质量和审计预防质量，具体的指标包含审计覆盖率（AudCover）、单位审计发现问题金额（AudVioD）、人均审计发现问题金额（AudVioP）、单位提交审计工作报告规模（AudReport）、已上缴财政金额比率（AudDel）、已减少财政拨款或财政补贴比率（AudSub）、移送案件处理率（AudCase）和审计建议被采纳率（AudAcc）。

从表 4 - 15 可以看出，8 个指标从不同角度反映出了政府审计质量水平。从 8 个指标的相关矩阵可以看出，指标之间并非是相互独立的，而是存在相关关系的。审计覆盖率与单位提交审计工作报告规模，单位审计发现问题金额与人均审计发现问题金额，以及已上缴财政金额比率与已减少财政拨款或财政补贴比率之间存在显著的相关性。

从表 4 - 16 的 KMO 和 Bartlett 球形检验结果来看，KMO 的系数为 0.672，

说明上述变量的因子分析效果较好。在 Bartlett 球形检验中，近似卡方为64.814，在99%的水平下显著，说明相关矩阵不是单位矩阵，这意味着变量间的相关性可以为因子分析提供合理的基础，与表4－15得出的结论一致。这说明上述反映政府审计质量水平的8个指标适合采用因子分析法进行相关指标的合并，合成综合因子。

表4－15　各指标的相关矩阵

		审计覆盖率	单位审计发现问题金额	人均审计发现问题金额	审计建议被采纳率	已上缴财政金额比率	已减少财政拨款或财政补贴比率	单位提交审计工作报告规模	移送案件处理率
相关	审计覆盖率	1.000	−0.392	−0.219	−0.492	−0.090	−0.111	−0.080	0.228
	单位审计发现问题金额	−0.392	1.000	0.654	0.599	0.116	0.132	0.437	−0.175
	人均审计发现问题金额	−0.219	0.654	1.000	0.339	0.188	0.204	0.336	−0.040
	审计建议被采纳率	−0.492	0.599	0.339	1.000	0.329	0.233	0.458	−0.308
	已上缴财政金额比率	−0.090	0.116	0.188	0.329	1.000	0.528	0.400	0.112
	已减少财政拨款或财政补贴比率	−0.111	0.132	0.204	0.233	0.528	1.000	0.359	0.001
	单位提交审计工作报告规模	−0.080	0.437	0.336	0.458	0.400	0.359	1.000	0.113
	移送案件处理率	0.228	−0.175	−0.040	−0.308	0.112	0.001	0.113	1.000
Sig.（单侧）	审计覆盖率		0.016	0.122	0.003	0.318	0.279	0.338	0.113
	单位审计发现问题金额	0.016		0.000	0.000	0.270	0.244	0.008	0.178
	人均审计发现问题金额	0.122	0.000		0.033	0.160	0.140	0.035	0.418
	审计建议被采纳率	0.003	0.000	0.033		0.038	0.108	0.005	0.049
	已上缴财政金额比率	0.318	0.270	0.160	0.038		0.001	0.014	0.279
	已减少财政拨款或财政补贴比率	0.279	0.244	0.140	0.108	0.001		0.026	0.497
	单位提交审计工作报告规模	0.338	0.008	0.035	0.005	0.014	0.026		0.277
	移送案件处理率	0.113	0.178	0.418	0.049	0.279	0.497	0.277	

因此，本书对上述 8 个反映政府审计质量水平的指标进行了因子分析。提取方式采用主成分分析法，基于特征值大于 1 的标准提取因子，分析结果见表 4 – 17。从解释的总方差来看，前 3 个成分的初始特征值分别为 3.003、1.551 和 1.048，累计方差贡献率为 70.016%，表明总体有超过 70% 的信息可以由这 3 个公因子来解释。从图 4 – 4 可以看出，3 个因子能够较好地反映和解释政府审计质量水平。

表 4 – 16　KMO 和 Bartlett 球形检验

取样足够度的 Kaiser – Meyer – Olkin 度量		0.672
Bartlett 球形检验	近似卡方	64.814
	df	28
	Sig.	0.000

表 4 – 17　解释的总方差

成分	初始特征值			提取平方和载入			旋转平方和载入		
	合计	方差的贡献率（%）	累计方差贡献率（%）	合计	方差的贡献率（%）	累计方差贡献率（%）	合计	方差的贡献率（%）	累计方差贡献率（%）
1	3.003	37.535	37.535	3.003	37.535	37.535	2.137	26.708	26.708
2	1.551	19.384	56.919	1.551	19.384	56.919	1.852	23.146	49.854
3	1.048	13.097	70.016	1.048	13.097	70.016	1.613	20.161	70.016
4	0.725	9.068	79.083						
5	0.664	8.300	87.384						
6	0.470	5.872	93.256						
7	0.308	3.850	97.106						
8	0.232	2.894	100.000						

注：提取方法：主成分分析。

从表 4 – 18 可以看出，单位审计发现问题金额、人均审计发现问题金额和单位提交审计工作报告规模与成分 1 密切相关，已上缴财政金额比率和已减少财政拨款或财政补贴比率与成分 2 密切相关，移送案件处理率、审计覆盖率和审计建议被采纳率与成分 3 密切相关。结合之前的理论分析，成分 1 代表了政府审计质量水平中的揭示质量（AQ1），成分 2 代表了政府审计质量水平中的抵御质量（AQ2），成分 3 代表了政府审计质量水平中的预防质量（AQ3）。

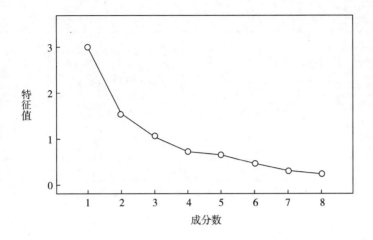

图 4 - 4 碎石图

因此，从表 4 - 19 可以得到最终的因子得分方程：

AQ1 = 0. 004 × AudCover + 0. 449 × AudVioD + 0. 483 AudVioP + 0. 262 × Au-dReport + (- 0. 125) × AudDel + (- 0. 166) × AudSub + 0. 103 × AudAcc + 0. 218 × AudCase

AQ2 = 0. 029 × AudCover + 0. 066 × AudVioD + 0. 533 AudVioP + 0. 860 × Au-dReport + 0. 829 × AudDel + 0. 116 × AudSub + (- 0. 074) × AudAcc + 0. 342 × Au-dCase

AQ3 = (- 0. 313) × AudCover + (- 0. 034) × AudVioD + 0. 101 AudVioP + 0. 005 × AudReport + (- 0. 077) × AudDel + 0. 814 × AudSub + 0. 689 × AudAcc + (- 0. 600) × AudCase

表 4 - 18 旋转成分矩阵[①]

	成分		
	1	2	3
单位审计发现问题金额	0. 866	0. 029	- 0. 313
人均审计发现问题金额	0. 834	0. 066	- 0. 034
单位提交审计工作报告规模	0. 583	0. 533	0. 101

① 旋转在 5 次迭代后收敛。

	成分		
	1	2	3
已上缴财政金额比率	0.094	0.860	0.005
已减少财政拨款或财政补贴比率	0.044	0.829	−0.077
移送案件处理率	0.105	0.116	0.814
审计覆盖率	−0.270	−0.074	0.689
审计建议被采纳率	0.507	0.342	−0.600

注：提取方法：主成分分析。旋转法：具有 Kaiser 标准化的正交旋转法。

表4-19 成分得分系数矩阵

	成分		
	1	2	3
审计覆盖率	0.004	0.001	0.429
单位审计发现问题金额	0.449	−0.160	−0.031
人均审计发现问题金额	0.483	−0.135	0.159
单位提交审计工作报告规模	0.262	0.205	0.191
已上缴财政金额比率	−0.125	0.514	0.010
已减少财政拨款或财政补贴比率	−0.166	0.506	−0.058
审计建议被采纳率	0.103	0.114	−0.318
移送案件处理率	0.218	0.036	0.596

注：提取方法：主成分分析。旋转法：具有 Kaiser 标准化的正交旋转法。

关于是否满足审计信息供需双方的期望就是考察公众对政府审计质量的满意度和信任度。具体来说就是对审计机关监督公共资金、维护公共利益的满意度；对审计机关监督政府有效利用公共资金，提高资金利用率的满意度；对审计机关有效监督公权力运行的满意度；对审计机关惩治腐败的满意度；对审计机关披露所需审计信息的满意度；对审计机关遵守审计准则的信任度；对审计机关发现问题能力的信任度；对审计机关处理问题能力的信任度；对审计机关报告问题能力的信任度。具体指标就是公众对政府审计质量的满意度（Y1）和公众对政府审计质量的信任度（Y2）。

因此，政府审计质量测量模型可以表示为：

$$AQ = \frac{P(AQ1, AQ2, AQ3, Y)}{P(Y)} \qquad (4-3)$$

其中，Y代表公众对政府审计质量的满意度（Y1）和公众对政府审计质量的信任度（Y2）的组合。

在实证分析中，反映审计揭示质量、抵御质量和预防质量的替代指标多来自档案数据，反映社会公众对政府审计质量满意度和信任度的替代指标多来自调查数据，两方面所选择的衡量指标具有一定的相对独立性。因此，政府审计质量测量模型又可以转化为：

$$AQ = \frac{P(AQ1, AQ2, AQ3) \times P(Y)}{P(Y)} \qquad (4-4)$$

从而，政府审计质量的测量模型简化为：

$$AQ = P(AQ1, AQ2, AQ3) \qquad (4-5)$$

利用因子分析法，通过表4-19得到AQ1、AQ2和AQ3的得分方程。AQ1、AQ2和AQ3在政府审计质量衡量中所占的权重，依据表4-17中的方差贡献率得到。在表4-17中，AQ1、AQ2和AQ3的方差贡献率分别为26.708%、23.146%和20.161%，对其进行标准化处理后得到，AQ1、AQ2和AQ3的权重分别为0.3815、0.3306、0.2879。所以，政府审计质量水平的测量公式为：

$$AQ = 0.3815AQ1 + 0.3306AQ2 + 0.2879AQ3 \qquad (4-6)$$

因此，借助省级政府的数据，运用因子分析法，构建了模型（4-6），用以反映政府审计质量水平。

本章小结

本章的主要研究内容是讨论如何构建政府审计质量的测量指标体系。文章分析了构建政府审计质量测量指标体系的重要性，并分析了审计结果公告促进审计揭示功能、预防功能和抵御功能实现的作用路径。政府审计质量的本质在于审计功能的实现，因此，本章从政府审计质量的内涵和审计功能的角度设计了政府审计质量的衡量指标，并对指标进行了实证检验，最终确定了审计覆盖率、单位审计发现问题金额、人均审计发现问题金额、单位提交审计工作报告规模、已上缴财政金额比率、已减少财政拨款或财政补贴比率、移送案件处理率和审计建议被采纳率8个衡量政府审计质量水平的指标。结合本书对政府审计质量的定义：政府审计质量是审计机关在遵循审计准则的前提下，满足审计信息供需双方期望，保障和促进公共受托经济责任有效履行，发现问题、查处问题、报告问题和纠正违规行为的条件概率。运用因子分析法，对反映政府审计质量水平的指标进行分类，形成三个公因子——审计揭示质量因子、审计抵御质量因子、审计预防质量因子，构建政府审计质量测量模型，为审计结果作用和影响政府审计质量的实证分析奠定基础。

第五章

审计结果公告作用和影响
政府审计质量的实证分析

实行审计结果公告制度，降低了信息不对称，提高了审计信息的透明度，反映了政府公共受托经济责任的履行情况，同时，也衡量了一个国家或者地区民主法治的程度（宋夏云，2006）。社会公共资源和财富来源于社会公众，也最终属于社会公众。那么，社会公众就有权利获悉这些社会公共资源和财富的使用和配置情况。政府审计的目标之一就是考察公共资金的使用情况，政府审计结果自然应该向其所有者——社会公众予以披露。通过审计结果公告披露的有效审计信息增强了社会公众对政府和审计机关的信任度和满意度，完善了政府审计的监督机制和体系，促进了政府审计质量的提高（靳思昌，2014）。

本书第三章从理论层面对审计结果公告作用政府审计质量进行了分析和阐述。①政府审计质量是审计过程质量和结果质量的结合。过程难以观测，结果成为了反映审计质量、作用审计质量的关键点。审计报告作为审计结果的直接载体，传递了审计信息和审计效果。②社会公众对审计信息的需求以及对审计质量水平的期望，通过审计结果公告来实现和感知，并通过公共舆论对当前审计质量水平做出反应，传递给审计机关，指明审计工作需要改进的地方，促进政府审计质量水平提升。③审计机关通过提供高水平审计服务来提升自身在公众和国家机构中的地位和影响力，审计结果公告是审计机关供给审计信息、实现自选择行为的体现。因此，无论是从审计结果方面，还是从审计信息需求和供给方面来分析，审计结果公告都应该会对政府审计质量水平产生影响。本章在之前理论分析的基础上，从实证分析的角度探讨了两者的关系，为研究审计结果公告的效果和提升政府审计质量水平的途径提供了经验证据。

一、审计结果公告的内容分析

审计结果公告是政府审计机关在对被审计单位实施审计调查的过程中，将发现的被审计单位的违规问题、审计处理意见、审计建议和审计结果以书面报告的形式向社会公众公开的公开性文件。它是降低审计信息不对称，提高审计信息透明度的重要实现方式。

2003年12月15日，审计署公布了《审计署关于防止非典型肺炎专项资金和社会捐赠款物审计结果的公告》，拉开了审计结果向社会公告的序幕。截止到2015年10月，审计署已公布了226份审计结果公告，内容涉及公共危机救助资金使用情况、中央部门预算执行情况和其他财政收支情况，公共财政项目支出，政府部门或者国有企业事业组织财政收支和财务收支情况，环境资源保护及治理支出，专项资金审查等。审计结果公告成为政府审计发挥监督和治理效力的有效手段。

从表5－1中可以看出，2008年，各省对外披露审计结果公告的比例为54.84%①，2009年为77.42%，到2010年除广西、贵州、海南三省外，其余省份均已将审计结果公告对外公开。尽管部分省份在一开始披露审计结果公告中出现了未连续披露的问题，但随着时间的推移和审计结果公告规模数量的增加，此现象呈现明显下降的趋势。从各地披露的审计结果公告数量可以看出，各省披露审计结果公告的数量逐年递增。与政府审计署相比，部分地区审计机关披露的规模较少，其中，北京、上海、陕西、河南、云南等省份的披露数量相较于其他省份可观，这说明各省在审计结果公开披露方面存在比较明显的差异。

表5－1 审计机关审计结果公告数量统计

地区	2008年	2009年	2010年	2011年	2012年	2013年
审计署	12	16	24	39	37	32

---

① 2008年，审计署和16个省市对外公布了审计结果公告，17/31 = 54.84%。

续表

地区	2008 年	2009 年	2010 年	2011 年	2012 年	2013 年
安徽	2	2	4	4	4	3
北京	0	2	3	35	36	41
福建	0	0	4	0	1	1
甘肃	1	1	4	2	5	7
广东	0	2	5	3	4	13
广西	0	2	0	17	2	6
贵州	0	0	0	0	1	2
海南	0	0	0	0	0	1
河北	1	2	3	1	2	3
河南	8	8	12	12	16	4
黑龙江	2	3	8	4	4	0
湖北	0	0	2	0	1	1
湖南	0	0	2	2	1	1
吉林	0	1	2	2	1	2
江苏	1	1	2	3	0	2
江西	1	1	2	1	3	2
辽宁	1	1	2	0	3	1
内蒙古	0	1	1	0	1	1
宁夏	5	1	2	1	1	1
青海	0	5	1	13	10	13
山东	2	3	7	7	4	5
山西	4	2	2	1	2	0
陕西	9	19	17	18	44	20
上海	2	7	6	32	29	23
四川	0	1	7	0	2	6
天津	0	0	2	0	1	1
新疆	0	0	13	8	11	3
云南	11	16	22	19	15	7
浙江	2	12	10	8	10	4
重庆	2	2	2	2	0	0

注：从 2008 年开始统计，主要是因为 2008 年多地审计机关开始对外公布审计结果公告，方便开展研究。

在之前的章节中，本书对审计结果公告与政府审计质量的内在关联性进行了详细的分析和阐述，并指出审计结果公告应当而且可以对政府审计质量产生影响。那么，要具体讨论两者之间的相关程度，就必须对审计结果公告的内容进行分析。审计机关通过审计结果公告向社会公众传递审计信息，社会公众通过阅读审计结果公告掌握所需的审计信息，感知对政府审计质量的满意度和信任度。本节主要对审计结果公告的内容按照审计对象进行分类讨论。

参照审计署和审计机关发布的审计结果公告，根据审计的对象，将审计结果公告分为 8 类，见表 5 – 2 ~ 表 5 – 9。

表 5 – 2　审计机关预算执行审计统计

地区	预算执行审计					
	2008 年	2009 年	2010 年	2011 年	2012 年	2013 年
审计署	1	1	1	1	1	1
北京	0	0	0	1	1	1
天津	0	0	0	0	0	0
河北	0	0	0	0	0	0
山西	0	0	0	0	0	0
内蒙古	0	0	0	0	0	0
辽宁	0	0	0	0	0	0
吉林	0	1	0	0	0	0
黑龙江	0	0	0	0	1	0
上海	0	0	0	1	1	1
江苏	0	0	0	0	0	0
浙江	0	0	0	0	0	0
安徽	0	0	0	0	0	0
福建	0	0	1	1	1	1
江西	0	0	0	0	0	0
山东	0	1	1	1	1	1
河南	1	1	1	1	0	1
湖北	0	0	0	0	0	0
湖南	0	0	0	0	0	0
广东	0	0	0	0	0	0

续表

地区	预算执行审计					
	2008 年	2009 年	2010 年	2011 年	2012 年	2013 年
广西	0	0	0	0	0	0
海南	0	0	0	0	0	0
重庆	0	0	0	0	0	0
四川	0	0	0	0	0	0
贵州	0	0	0	0	0	0
云南	1	1	1	1	1	0
陕西	1	1	1	1	1	1
甘肃	0	0	1	0	1	1
青海	0	0	0	1	1	1
宁夏	0	0	0	0	0	0
新疆	0	0	0	0	0	0

表 5 - 3　审计机关财政预算审计统计

地区	财政预算审计					
	2008 年	2009 年	2010 年	2011 年	2012 年	2013 年
审计署	0	0	1	0	0	0
北京	0	0	0	0	0	0
天津	0	0	0	0	0	0
河北	0	0	0	0	0	0
山西	0	0	0	0	0	0
内蒙古	0	0	0	0	0	0
辽宁	0	0	0	0	0	0
吉林	0	0	0	0	0	0
黑龙江	0	0	0	0	0	0
上海	0	0	0	0	0	0
江苏	0	0	0	0	0	0
浙江	0	0	0	0	1	0
安徽	0	0	0	0	0	0
福建	0	0	0	0	0	0
江西	0	0	0	0	0	0
山东	0	0	0	0	0	0

续表

地区	财政预算审计					
	2008 年	2009 年	2010 年	2011 年	2012 年	2013 年
河南	0	0	0	0	0	0
湖北	0	0	0	0	0	0
湖南	0	0	0	0	0	0
广东	0	0	0	0	0	0
广西	0	0	0	0	0	0
海南	0	0	0	0	0	0
重庆	0	0	0	0	0	0
四川	0	0	0	0	0	0
贵州	0	0	0	0	0	0
云南	0	1	0	1	0	1
陕西	0	0	0	0	0	0
甘肃	0	0	0	0	0	0
青海	0	1	0	0	0	0
宁夏	0	0	0	0	0	0
新疆	0	0	0	0	0	0

表 5 – 4　审计机关专项资金审计统计

地区	专项资金审计					
	2008 年	2009 年	2010 年	2011 年	2012 年	2013 年
审计署	1	1	1	1	1	1
北京	0	0	0	0	1	1
天津	0	0	0	0	0	0
河北	1	1	1	1	1	1
山西	1	1	1	1	1	0
内蒙古	0	0	0	0	0	0
辽宁	1	1	1	0	1	1
吉林	0	0	1	1	1	1
黑龙江	1	1	1	1	1	0
上海	1	1	1	1	1	1
江苏	1	1	1	1	0	1

续表

地区	专项资金审计					
	2008 年	2009 年	2010 年	2011 年	2012 年	2013 年
浙江	1	1	1	1	1	1
安徽	1	1	1	0	1	0
福建	0	0	0	0	1	1
江西	0	0	0	0	1	1
山东	1	0	1	0	1	1
河南	0	0	1	1	1	1
湖北	0	0	1	0	1	1
湖南	0	0	0	0	1	1
广东	0	1	1	1	1	1
广西	0	0	0	1	0	0
海南	0	0	0	0	0	0
重庆	1	1	1	1	0	0
四川	0	1	1	0	0	0
贵州	0	0	0	0	0	0
云南	1	1	1	1	1	1
陕西	1	1	1	1	1	1
甘肃	0	0	0	0	0	0
青海	0	1	0	0	1	1
宁夏	1	1	1	0	0	0
新疆	0	0	0	0	0	1

表 5 - 5 审计机关行政事业审计统计

地区	行政事业审计					
	2008 年	2009 年	2010 年	2011 年	2012 年	2013 年
审计署	0	1	0	0	0	0
北京	0	0	0	0	0	0
天津	0	0	0	0	0	0
河北	0	0	0	0	0	0
山西	0	0	0	0	0	0
内蒙古	0	0	0	0	0	0

地区	行政事业审计					
	2008 年	2009 年	2010 年	2011 年	2012 年	2013 年
辽宁	0	0	0	0	0	0
吉林	0	0	0	0	0	0
黑龙江	0	0	0	0	0	0
上海	0	0	0	1	0	0
江苏	0	0	0	0	0	0
浙江	0	0	0	0	0	0
安徽	0	0	0	0	0	0
福建	0	0	0	0	0	0
江西	0	0	0	0	0	0
山东	0	0	0	0	0	0
河南	0	0	0	0	1	1
湖北	0	0	0	0	0	0
湖南	0	0	0	0	0	0
广东	0	0	0	0	0	0
广西	0	1	0	0	0	0
海南	0	0	0	0	0	0
重庆	0	0	0	0	0	0
四川	0	0	0	0	0	0
贵州	0	0	0	0	0	0
云南	0	1	1	1	0	0
陕西	0	1	0	0	1	0
甘肃	0	0	0	1	1	1
青海	0	0	0	0	0	0
宁夏	0	0	0	0	0	0
新疆	0	0	0	0	0	0

表 5-6　审计机关固定资产审计统计

地区	固定资产审计					
	2008 年	2009 年	2010 年	2011 年	2012 年	2013 年
审计署	0	0	1	1	1	1
北京	0	0	0	0	0	0

续表

地区	固定资产审计					
	2008 年	2009 年	2010 年	2011 年	2012 年	2013 年
天津	0	0	0	0	0	0
河北	0	0	0	0	0	0
山西	0	0	1	0	0	0
内蒙古	0	0	0	0	0	0
辽宁	0	0	0	0	0	0
吉林	0	0	0	0	0	0
黑龙江	0	0	0	0	0	0
上海	0	0	0	0	0	0
江苏	0	0	0	0	0	0
浙江	0	0	0	0	0	0
安徽	0	0	0	0	0	0
福建	0	0	0	0	0	0
江西	0	0	0	0	0	0
山东	0	0	0	0	0	0
河南	0	0	0	0	1	1
湖北	0	0	0	0	0	0
湖南	0	0	0	0	0	0
广东	0	0	0	1	0	0
广西	0	0	0	0	0	0
海南	0	0	0	0	0	0
重庆	0	0	0	0	0	0
四川	0	0	0	0	0	0
贵州	0	0	0	0	0	0
云南	1	0	1	1	1	1
陕西	0	0	0	0	1	1
甘肃	0	0	0	0	0	0
青海	0	1	0	1	1	1
宁夏	0	0	0	1	0	1
新疆	0	0	0	0	0	0

表 5 - 7　审计机关外资运用项目审计统计

地区	外资运用项目审计					
	2008 年	2009 年	2010 年	2011 年	2012 年	2013 年
审计署	0	1	1	1	1	1
北京	0	1	0	1	1	1
天津	0	0	0	0	0	0
河北	0	0	0	0	1	1
山西	0	0	0	0	0	0
内蒙古	0	1	1	0	1	1
辽宁	0	0	0	0	1	0
吉林	0	0	0	0	0	0
黑龙江	0	0	0	0	0	0
上海	0	0	0	0	0	0
江苏	0	0	0	0	0	0
浙江	0	1	1	0	0	0
安徽	0	0	1	1	1	1
福建	0	0	0	0	0	0
江西	0	0	0	1	1	1
山东	0	1	1		1	1
河南	0	0	1	1	1	1
湖北	0	0	0	0	0	0
湖南	0	0	0	0	0	0
广东	0	1	0	0	1	1
广西	0	1	0	1	0	1
海南	0	0	0	0	0	0
重庆	0	1	0	0	0	0
四川	0	0	0	0	1	1
贵州	0	0	0	0	1	1
云南	1	0	1	1	1	1
陕西	0	1	1	1	1	1
甘肃	0	0	0	1	1	1
青海	0	1	0	0	0	1
宁夏	0	0	0	0	1	0
新疆	0	0	0	0	0	1

表 5 - 8　审计机关企业审计统计

地区	企业审计					
	2008 年	2009 年	2010 年	2011 年	2012 年	2013 年
审计署	0	1	1	1	1	1
北京	0	0	0	0	0	0
天津	0	0	0	0	0	0
河北	0	0	0	0	0	0
山西	0	0	0	0	0	0
内蒙古	0	0	0	0	0	0
辽宁	0	0	0	0	0	0
吉林	0	0	0	0	0	0
黑龙江	0	0	0	0	0	0
上海	0	0	0	0	0	0
江苏	0	0	0	0	0	0
浙江	0	0	0	0	0	0
安徽	0	0	0	0	0	0
福建	0	0	0	0	0	0
江西	0	0	0	0	0	0
山东	0	0	0	0	0	0
河南	0	0	0	0	1	1
湖北	0	0	0	0	0	0
湖南	0	0	0	0	0	0
广东	0	0	0	0	0	0
广西	0	0	0	0	0	0
海南	0	0	0	0	0	0
重庆	0	0	0	0	0	0
四川	0	0	0	0	0	0
贵州	0	0	0	0	0	0
云南	0	0	1	1	0	1
陕西	0	0	0	1	0	1
甘肃	0	0	0	0	0	0
青海	0	0	0	0	0	1
宁夏	0	0	0	0	0	0
新疆	0	0	0	0	0	0

表5-9 审计机关其他审计统计

地区	其他审计					
	2008 年	2009 年	2010 年	2011 年	2012 年	2013 年
审计署	1	1	1	1	1	1
北京	0	1	1	1	0	0
天津	0	0	1	0	1	1
河北	0	0	0	0	0	0
山西	0	0	0	0	1	0
内蒙古	0	0	0	0	0	0
辽宁	0	0	0	0	0	0
吉林	0	0	0	0	0	0
黑龙江	0	0	0	0	0	0
上海	0	0	0	1	1	1
江苏	0	0	0	0	0	0
浙江	0	1	1	1	1	1
安徽	0	0	0	1	1	1
福建	0	0	1	0	0	0
江西	0	1	1	0	1	0
山东	0	0	0	0	0	0
河南	0	0	0	1	1	1
湖北	0	0	0	0	0	0
湖南	0	0	1	1	0	0
广东	0	0	1	0	1	1
广西	0	0	0	0	0	0
海南	0	0	0	0	0	0
重庆	0	0	0	0	0	0
四川	0	0	0	0	1	0
贵州	0	0	0	0	0	0
云南	0	1	0	1	1	0
陕西	1	1	1	1	1	0
甘肃	0	1	1	1	1	1
青海	0	0	1	1	0	1
宁夏	0	0	0	0	0	0
新疆	0	0	0	0	1	0

从统计结果来看，审计署在审计结果公告的披露程度上好于各省审计机关，涉及的审计对象最为全面。各地区审计机关在审计结果的对外公开方面要滞后于审计署。从涉及预算执行审计、财政预算审计、专项资金审计、行政事业审计、固定资产审计、外资运用项目审计、企业审计和其他审计这8类来看，各地区审计机关对各级政府的预算执行审计、专项资金审计和外资运用项目审计的对外公开披露比较多。从各地区审计机关对外公布的审计结果公告种类和数量来看，北京、上海、浙江、安徽、河南、广东、陕西、云南等省份无论是在数量还是在种类上都好于其他省份，审计结果公告内容比较丰富。宁夏、新疆、海南、天津、福建、湖北、贵州等省份在数量和种类上都较少，各省份之间存在较大的差异性。

各地区审计机关在绩效审计的对外公开情况上，部分地区审计机关做得并不充分，只有几个省份对外公布了有关绩效审计的审计结果公告，这一结果可能与地方审计机关开展绩效审计的情况有关，因此，在这里不做详细的分地区统计。

二、理论分析与研究假设

审计的本质就是保障和促进公共受托经济责任有效履行的一种经济控制。审计的目标就是通过有效监督和约束受托经济责任的履行方的行为来保障受托经济责任的委托方的权益（蔡春，2001）。因而，政府审计质量的高低备受社会公众的关注和关心。政府审计质量的本质就是要保证审计预防功能、揭示功能和抵御功能的顺利实现（刘家义，2012）。如何保证审计功能的实现，哪些因素会对政府审计质量产生影响值得深入讨论。政府审计质量是审计人员遵循审计准则，为满足社会公众的需求和期望，对经济活动开展审查，发现、查处、报告和纠正违规行为和问题的概率。政府审计质量包含了两类行为主体，一类是审计人员，另一类是社会公众。能激励审计人员严格遵循审计准则，避免审计合谋，积极发现和查处违规问题，客观公正地报告违规行为的因素便是能够对政府审计质量产生关键影响的因素。能让社会公众获得审计信息，评判审计行为是否满足其期望和需求的因素必然是影响政府审计质量的关键因素。

审计结果公告作为审计信息披露的一种有效手段，可以说，在一定程度上实现了激励审计人员和满足社会公众获取审计信息的需求和愿望的目的。基于此，本书提出以下假设：

H1：审计结果公告促进政府审计质量的提高。

本书之前的章节对审计结果公告和政府审计质量之间的内在联系进行了详细的阐述和分析，包括审计结果公告作用政府审计质量的理论基础，审计结果公告作用政府审计质量的现实依据，审计结果公告作用政府审计质量的作用机制和审计结果公告作用政府审计质量的实现方式。本章在之前章节理论分析的基础上，重点用实证的方式考察了审计结果公告与政府审计质量之间的关联度和影响程度。审计结果公告应该而且可以对政府审计质量产生影响。但这种影响是积极的还是消极的，积极和消极的程度受哪些因素的影响是本章实证中想进一步深入探讨的。因为审计结果公告对政府审计质量影响作用的大小还取决于审计结果公告本身的信息含量。信息含量不一样，对审计人员的激励程度和满足社会公众需求的程度就会不一样，因此作用政府审计质量的效果就会不一样。审计结果公告不同于其他类型的报告，审计结果公告以披露被审计单位的问题和违规行为为主，有些审计结果公告还会提出相应的审计建议和整改意见。这些信息披露的程度和其中所包含的信息量会对政府审计质量的影响力产生差异。公告力度就是反映该差异性的具体体现之一。公告力度主要体现在审计机关在实施审计过程中发现的问题是仅在审计结果公告中予以披露，还是同时会在审计工作报告中予以披露；对于披露的审计问题是概括性的泛泛而谈，还是有针对性的点名指出。公告的力度越大，审计信息被披露的范围就会越广，程度就会越深，对政府审计质量的影响力就会越大，越有利于激励审计人员规范自身的审计行为和实现社会公众的期望值。基于此，本书提出以下假设：

H2：审计结果公告的力度越大，审计结果公告促进政府审计质量提升的影响力越大。

审计信息是社会公众了解审计机关依法对公权部门使用公权力、公共资金和公共资源的情况实施有效监督的有力途径和渠道。借助审计信息，社会公众可以获悉公权部门是否有效履行了公共受托经济责任，维护了社会公众的利益，合理利用了公共资金。因此，审计信息含量就至关重要。审计结果公告不仅要有较好的公告力度，敢于点名披露被审计单位的问题，还要更加详细地、有重点地、有针对性地披露社会公众最为关心的审计问题。对被审计单位的违规问题进行详细的披露，审计结果报告是否包含被审计单位违规的时间、违规的方式、违规占用公共资金的规模、需要承担的后果和责任，以及整改的时间期限和整改标准。基于此，本书提出以下假设：

H3：审计结果公告内容的详尽程度越高，审计结果公告促进政府审计质量提升的影响力越大。

三、研究设计与样本选择

（一）研究设计

1. 模型的设定

为了验证审计结果公告对政府审计质量的影响，本书构建了模型1、模型2和模型3。模型1主要是以审计结果公告的规模和数量来反映审计结果公告作用政府审计质量的面板回归模型。模型2主要是以审计结果公告的公告力度来反映审计结果公告作用政府审计质量的面板回归模型。模型3主要是以审计结果公告的内容详尽程度来反映审计结果公告作用政府审计质量的面板回归模型。

模型1：

$$AQ1_{i,t} = \alpha_0 + \alpha_1 \times ART_{i,t}(ARS_{i,t},\ ARD_{i,t}) + \beta\, AQ3_{i,t-1} + \gamma_1\, SE_{i,t} + \gamma_2\, AI_{i,t} + \gamma_3 PC_{i,t} + \gamma_4 AE_{i,t} + \gamma_5 AW_{i,t} + \gamma_6 AS_{i,t} + \gamma_7 PE_{i,t} + \gamma_8 ML_{i,t} + \varepsilon_{i,t}$$

模型2：

$$AQ2_{i,t} = \alpha_0 + \alpha_1 \times ART_{i,t}(ARS_{i,t},\ ARD_{i,t}) + \beta\, AQ1_{i,t-1} + \gamma_1\, SE_{i,t} + \gamma_2\, AI_{i,t} + \gamma_3 PC_{i,t} + \gamma_4 AE_{i,t} + \gamma_5 AW_{i,t} + \gamma_6 AS_{i,t} + \gamma_7 PE_{i,t} + \gamma_8 ML_{i,t} + \varepsilon_{i,t}$$

模型3：

$$AQ3_{i,t} = \alpha_0 + \alpha_1 \times ART_{i,t}(ARS_{i,t},\ ARD_{i,t}) + \gamma_1\, SE_{i,t} + \gamma_2\, AI_{i,t} + \gamma_3\, PC_{i,t} +$$

$$\gamma_4\,AE_{i,t} + \gamma_5 AW_{i,t} + \gamma_6 AS_{i,t} + \gamma_7 PE_{i,t} + \gamma_8 ML_{i,t} + \varepsilon_{i,t}$$

2. 变量选择

（1）被解释变量：政府审计质量（AQ）。政府审计质量的衡量标准一直是学术界争论的热点，并未有统一的衡量标准，其不可观测性给度量带来了一定的困难。政府审计质量的本质在于实现审计的功能，发挥审计的预防功能、揭示功能和抵御功能。关于政府审计质量的内涵界定，本书认为政府审计质量是审计机构遵循审计准则和审计规范，满足审计信息需求双方期望，在对公共经济活动开展监督和治理过程中发现问题、报告问题和纠正违规行为的条件概率。结合之前的文献分析，本书以第四章构建的政府审计质量测量指标来衡量各省、自治区和直辖市的政府审计质量水平，包含审计预防质量、审计揭示质量、审计抵御质量和公众满意度。

（2）解释变量：审计结果公告（AR）。根据前文的理论分析，审计结果公告的对外公开性激励审计人员遵循审计准则，规范自身审计行为，积极开展审计工作，发现问题、查处问题、报告问题、纠正问题，同时也实现了社会公众获悉审计信息、参与民主政治、了解审计机关工作动态和审计成果的需求和愿望。审计结果公告应该而且能够促进政府审计质量的提升。对于审计结果公告的衡量，本书从审计结果公告的公告数量和规模、公告力度和内容翔实度来进行衡量。

其中，审计结果公告的规模（ART）是通过审计署和审计机关每年对外公开的审计结果公告数量来反映的。对社会公众来说，期望独立的第三方可以完成监督政府行为的责任，对政府掌管的公共资源和公共经济权力进行监督，确保公共资源被合理使用，防止政府借用手中的公权力和拥有的公共资源做出偏离社会公众利益目标的事情。社会公众处于信息弱势一方，审计工作的开展情况如何，审计成果怎样，效果好不好，公众期望有途径和渠道来获取审计信息，以判断审计执行效果和政府审计质量。审计结果公告制度的颁布及随后各级审计机关对外公布的审计结果公告为公众了解审计信息、判断政府审计质量提供了平台和途径。审计结果公告的数量越多，说明审计机关公开审计工作和审计结果的程度越高，接受社会公众监督的范围越大。社会公众可以通过互联网和其他新闻媒体获取审计结果公告中的审计内容和蕴含的审计信息。审计人员是否遵循审计准则行事，遵循的程度如何不再是审计机关关起门来只有自己知晓的事情。审计结果公告对外公布，审计人员在一定时期的工作量和工作程度便暴露在了全体社会公众的监督之下，慢作为和不作为的工作状态容易被发现，影响自身的前途和利益。因此，本书以审计结果公告的数量为指标来衡量。

审计结果公告的公告力度（ARS）是审计署和审计机关对被审计单位审计项目的披露方式。郑小荣等（2014）以此指标来分析审计结果公告与整改效果之间的关系。如果该审计项目只在审计结果公告中披露则取值为1；如果该审计项目不仅在审计结果公告中披露，同时还以联名报告的方式在审计工作报告中披露则取值为2；如果该审计项目不仅在审计结果公告中披露，还以点名的方式在审计工作报告中披露则取值为3。

审计结果公告的内容翔实度（ARD）是以审计结果报告中是否披露被审计单位违规的时间、违规的方式、违规占用公共资金的规模、被审计单位需要承担的后果和责任，以及整改的时间期限和整改要求为标准进行综合反映的。如果审计结果公告中满足其中某一项，则取值为1，否则为0，然后通过平均值来反映审计结果公告的内容翔实度。指标越大，说明该审计结果公告的内容翔实度越高。社会公众可以从该审计结果公告中获得更多有用的审计信息。一方面，社会公众会感觉到高水平的审计结果公告质量；另一方面，审计结果公告披露的详细，对审计人员就提出了更高的要求，将审计事实客观真实地呈现出来，审计人员会减少可能存在的审计风险，更加规范审计行为。因此，审计结果公告的内容翔实度越高，说明审计结果公告在作用政府审计质量过程中的影响程度越高。

（3）控制变量。影响政府审计质量的因素有很多，本书认为，影响政府审计质量的主要因素有审计结果公告的供给意愿、审计结果公告的相对独立性、审计人员的专业胜任能力、审计经费的投入、审计人员的薪酬水平、审计人员配置、绩效工作水平和地区法治水平。

审计结果公告的供给意愿（SE）。高水平的政府审计质量的特征之一就是满足社会公众的需求。根据经济学中的供给与需求理论及均衡价格理论，只有审计结果公告的供给方供给意愿强，才能保障供给和需求的平衡。当今社会公众参与民主政治的意愿增强，对审计信息的需求度迅速上升。那么，要满足不断增强的社会公众对审计信息的需求意愿，就必须充分考虑审计信息供给方的意愿。如果审计结果公告的供给方供给意愿不强烈，社会公众无法获取足够的审计信息，无法充分地了解审计机关的审计工作情况和审计绩效，社会公众的满意度自然不会高，这必然会对政府审计质量产生影响。本书以审计机关每年的审计结果公告数量为依据，如果审计结果的数量较上一年有所增加，或者披露的审计调查项目的范围扩大，增加了新的审计对象，则取值为1，否则取值为0。

审计结果公告的相对独立性（AI）。审计独立性是审计发挥监督和治理职能的前提和保证，缺少了审计独立性的审计会降低审计的效用。从目前的组织架构来看，审计机关也属于行政职能部门，行政审计模式使得我国的政府审计是双重领导体制下的政府审计。政府审计以查处问题为主，因此，在审计机关实施审计的过程中，会触及有关部门和组织的利益，为了不影响自身的仕途发展，会出现行政干预审计结果的问题。审计结果公告同样如此，审计署及审计机关每年实施审计的重点之一就是预算执行情况审计和专项资金审计，如果被审计对象是一些职能部委，审计的独立性相较于其他部门会弱一些，这种独立性的差异会对审计结果公告作用政府审计质量产生一定的影响。本书借鉴郑小荣（2014）的衡量方法，如果审计的对象是中华人民共和国财政部（以下简称"财政部"）、中华人民共和国发展和改革委员会（以下简称"发改委"）、中华人民共和国司法部（以下简称"司法部"）等部委，审计结果公告的相对独立性取0，否则取1。

审计人员的专业胜任能力（PC）。无论是政府审计质量的内涵界定，还是审计功能的实现，抑或是政府审计质量的测量指标体系的构建，审计人员都在其中发挥着举足轻重的作用。本书一直在强调审计结果公告如何激励审计人员严格遵守审计准则和规范，积极开展审计调查，发现和查处违规问题。激励是必要的，在激励的同时，还需要将这种激励建立在审计人员自身专业能力足以胜任的基础之上。不然，空有热情而缺少审计技术和方法，依然无法提高发现和查处违规问题的概率。审计人员作为从事审计工作的主体，其专业水平和胜任能力直接影响着审计监督职能的有效发挥（陈太辉和张龙，2011）。王芳（2009）采用本科以上学历的审计人员的绝对数来表示审计人员的专业胜任能力。黄莺（2009）认为，应该从4个方面考察审计人员的专业胜任能力，分别为审计的基本能力、审计的领导才能、审计的工作才能和审计人才的特质。并以这4个方面为基础，延展出27个衡量能力的具体指标。但这些能力更偏向于人才的通用能力，审计人员应该有其特有的排他性专业能力，将专业技能和行业知识有机结合（陈燚，2010）。宋夏云（2011）和宋艳（2011）得出了类似的审计专业胜任能力体系表。这些能力确实能够体现出审计人才的水平，但在衡量上却存在一定的困难，多以问卷调查的形式展开，不易开展多地区大样本的实证分析。鉴于此，考虑到审计实施过程中审计程序可以参考相关规范，且更多会借助审计人员的职业判断，因此，本书以取得审计专业职称或资格证书的审计人员的占比作为衡量审计人员专业胜任能力的替代指标。

审计经费的投入（AE）。作为掌握公权力的政府，其行为应该要保障公共受托经济责任的有效履行，以追求公众利益最大化。政府绩效管理理论认为，审计机关在实施审计的过程中也需要充分考虑审计投入和审计收益。没有相应的审计经费投入作为支撑，审计工作将无法顺利开展。只有审计机关拥有充足的审计经费，才能提高审计覆盖率；审计覆盖范围的扩大，可以对更多组织机构实施审计调查，这会提升审计机关发现和查处违规问题的概率。审计经费投入如果不足，会导致审计机关和审计人员因审计成本的阻碍而无法选择最优的审计技术和方法，执行最佳的审计方案，这对提升政府审计质量是非常不利的。因此，本书以各地区审计机关每年审计经费投入金额的对数来衡量审计经费的投入规模。

审计人员的薪酬水平（AW）。从经济学的角度来说，审计人员与其他公职人员和技术人员一样，选择审计工作岗位也是希望通过审计工作满足自身的期望效用。合理的薪酬是激励审计人员积极开展审计工作，发现和查处违规问题非常有效的方式之一，也是审计人员实现效用的有效方式之一。审计结果公告的对外公开对审计人员产生了激励效应。审计人员会意识到一旦审计行为失当，会给自己带来审计风险，也会对自身的职业生涯产生影响。在社会公众的监督下，审计人员会更加努力地工作，展现自身的专业能力和职业素质。但这一激励生效的前提是审计人员看重自身的工作环境，希望在自己的岗位上做出成绩。如果薪酬水平不合理，必然会对这一激励机制发挥效用的前提产生不小的影响。过低的薪酬水平会造成审计人员的激励效用不足或者失效，从而影响审计结果公告作用政府审计质量的效果和程度。鉴于各地区经济发展不平衡，地方公务员薪酬水平存在差异，审计人员当前岗位的薪酬是否具有可比性是通过其与地区其他岗位的薪酬水平进行比较感知的。因此，借鉴程莹（2014）

的衡量方法，本书将公务员的平均薪酬水平与该地区的平均薪酬水平的比值作为衡量审计人员薪酬水平的指标。

审计部门规模（AS）。在实施审计的过程中，地方审计机关如果规模小、审计人员少，限于人力资源，审计机关只能缩小审计范围，这对提升审计覆盖率，提高政府审计质量是有影响的。相比于规模小的审计机构，审计部门的规模大，审计人员配备更齐全，可选择的审计调查项目更多，有可能会产生更高的政府审计质量。本书将审计机关的审计人员数量的对数作为衡量审计部门规模的测量指标。

绩效工作水平（PE）。审计的投入产出比是审计机关、政府和社会公众都极为关注的问题。绩效水平高则说明审计工作的效率高，在相同的审计投入下，能创造更多的审计工作成果。本书将地方审计机关绩效工作报告中的审计投入产出比作为衡量绩效工作水平的指标。

地区法治水平（ML）。关于地区的法治水平问题，一方面是地区实行的相关法律法规，另一方面是对法规的执行程度。地区法治水平高，执法程度高，组织和机构遵守各项规章制度的程度自然也会比较高。地区法治水平如果比较低，被审计单位自身对各项规章制度的遵守度也不会高，审计机关下达的审计整改意见也较难执行，只查处未能及时纠正的违规问题，会对政府审计质量产生影响。樊纲、王小鲁和朱恒鹏（2011）利用中国市场化指数来表示地区的法治水平。关于执法水平，樊纲和王小鲁（2009）采用律师占地区人口规模的比例来进行衡量。考虑到政府审计主要是针对公共经济活动的监督和治理，因此，本书借鉴陈国进和王磊（2009）的测量方法，以每年各省市经济案件的结案率来表示地区的法治水平。

具体的变量定义见表5－10。

表 5－10　变量定义

	变量名称	变量符号	变量定义域说明
被解释变量	政府审计质量	AQ	依据政府审计质量的定义，结合8个指标：审计覆盖率，单位审计发现问题金额，人均审计发现问题金额，单位提交审计工作报告规模，已上缴财政金额比率，已减少财政拨款或财政补贴比率，移送案件处理率和审计建议被采纳率，构建政府审计质量测量体系

续表

	变量名称	变量符号	变量定义域说明
解释变量	审计结果公告的规模	ART	审计署和地方审计机关每年对外公开的审计结果公告的数量
	审计结果公告的公告力度	ARS	如果审计项目只在审计结果公告中披露则取值为1；如果该审计项目不仅在审计结果公告中披露，同时还以联名报告的方式在审计工作报告中披露则取值为2；如果该审计项目不仅在审计结果公告中披露，还以点名的方式在审计工作报告中披露则取值为3
	审计结果公告的内容翔实度	ARD	以审计结果报告中是否披露被审计单位违规的时间、违规的方式、违规占用公共资金的规模、被审计单位需要承担的后果和责任，以及整改的时间期限和整改要求为标准进行综合反映。如果审计结果公告中满足其中某一项，则取值为1，否则为0，然后通过平均值来反映审计结果公告的翔实度
控制变量	审计结果公告的供给意愿	SE	审计结果公告的数量较上一年有所增加，或者披露的审计调查项目的范围扩大，增加了新的审计对象，则取值为1，否则取值为0
	审计结果公告的相对独立性	AI	如果审计的对象是财政部、发改委、司法部等部委，审计结果公告的相对独立性取0，否则取1
	审计人员的专业胜任能力	PC	取得审计专业职称或资格证书的审计人员/审计部门的审计人员总人数
	审计经费的投入	AE	各地区审计机关每年的审计经费投入金额的对数
	审计人员的薪酬水平	AW	公务员的平均薪酬水平/该地区的平均薪酬水平
	审计部门规模	AS	地区审计机关的审计人员数量的对数
	绩效工作水平	PE	地区审计机关绩效工作报告中的审计投入产出比
	地区法治水平	ML	借鉴陈国进和王磊（2009）的测量方法，以每年各省市经济案件的结案率来表示地区的法治水平

（二）样本选择

本书以我国30个省（自治区、直辖市）为研究对象，讨论审计结果公告对政府审计质量的影响。考虑到直到2008年各地区审计机关才普遍开始对外披露审计结果公告，因此数据主要来自 2009～2014 年的《中国统计年鉴》《中国审计年鉴》和审计署及各地区审计机关对外公布的审计结果公告。

四、审计结果公告提升政府审计质量的实证结果分析

（一）描述性统计分析

根据上一节对相关变量的定义，本节对 3 个模型涉及的被解释变量、解释变量和控制变量进行描述性统计分析，见表 5-11。

表 5-11　各变量描述性统计分析

变量名称	变量符号	样本量	均值	最小值	最大值
政府审计质量	AQ	180	0.389	0.0552	0.862
审计结果公告的规模	ART	180	5.586	0	44
审计结果公告的公告力度	ARS	180	1.213	1	3
审计结果公告的内容翔实度	ARD	180	2.211	1	5
审计结果公告的供给意愿	SE	180	0.306	0	1
审计结果公告的相对独立性	AI	180	0.239	0	1
审计人员的专业胜任能力	PC	180	0.508	0.061	0.807
审计经费的投入	AE	180	15.895	14.509	18.521
审计人员的薪酬水平	AW	180	1.162	0.863	1.769
审计部门规模	AS	180	3.561	2.413	6.894
绩效工作水平	PE	180	3.689	2.992	4.754
地区法治水平	ML	180	0.565	0.354	0.981

从表 5-11 可以看出，地区审计机关遵循审计准则和规范，满足社会公众需求，在对公共经济活动的监督和审计过程中发现问题、查处问题、报告问题、纠正问题的概率的均值为 0.389，最低的省份为 0.0052，最高的省份为 0.862，这说明各省份之间的政府审计质量水平存在比较明显的差异。从审计结果公告的规模、公告力度和内容翔实度来看，对外公布审计结果公告数量最

多的一年有 44 份，最少的未公布审计结果，均值为 5.586 份；在审计结果公告的审计调查事项中，有大约 20% 的项目在审计工作报告中予以披露；在翔实度方面，审计结果公告在数量上各省均呈现上升趋势，但在内容的详细程度方面，各省份的均值为 2.211，对被审计单位违规的时间、违规的方式、违规占用公共资金的规模、被审计单位需要承担的后果和责任，以及整改的时间期限和整改要求的综合反映还不到一半。在控制变量方面，各省对审计结果公告的供给意愿的均值为 0.306。审计结果公告的相对独立性的均值为 0.239，在审计机关所披露的审计结果公告中，大部分是针对中央各部委和所属组织机构的。在审计人员队伍中，半数以上拥有相关的职称和执业证书，最高的省份占比达到了 80% 以上，审计队伍的人员素质正在不断提升。审计人员的薪酬水平普遍高于该地区其他企业的工资薪酬水平，这有助于吸引更多的专业人才加入到审计机关的队伍中来。这一点从审计部门规模这一指标中可见一斑，各省的均值为 3.561，最高的省份达到了 6.894。在审计经费的投入方面，各省的均值为 15.895，最低的省份也有 14.509，最高的省份为 18.521。在绩效工作水平方面，各省在审计方面的投入产出比的均值为 3.689，最大值为 4.754，我国各省审计投入产出比说明审计机关在绩效工作方面表现出色。地区法治水平的均值为 0.565，最低的省份为 0.354，最高的省份达 0.981。

（二）实证分析

在对各指标进行描述性统计分析之后，本节选取 30 个省份 2008 ~ 2013 年的数据，按照审计结果公告的规模、公告力度和内容翔实度分别对政府审计质量进行回归处理。回归结果见表 5 - 12。

表 5 - 12　审计结果公告影响政府审计质量的回归分析

被解释变量：政府审计质量 AQ				
解释变量		模型 1	模型 2	模型 3
审计结果公告的规模	ART	0.102 * (1.73)		
审计结果公告的公告力度	ARS		0.059 * (1.69)	

续表

被解释变量：政府审计质量 AQ				
解释变量		模型 1	模型 2	模型 3
审计结果公告的内容翔实度	ARD			0.074 **
				(2.40)
审计结果公告的供给意愿	SE	0.029	0.012 *	0.032 ***
		(1.33)	(1.76)	(6.04)
审计结果公告的相对独立性	AI	0.109 *	0.113 *	0.122 *
		(1.83)	(1.79)	(1.81)
审计人员的专业胜任能力	PC	0.087 **	0.034	0.105 **
		(2.33)	(1.12)	(2.37)
审计经费的投入	AE	0.022 **	0.025 **	0.023 **
		(2.03)	(2.33)	(2.14)
审计人员的薪酬水平	AW	0.020 ***	0.016 **	0.019 ***
		(2.81)	(2.29)	(2.67)
审计部门规模	AS	− 0.011	− 0.007	− 0.008
		(− 0.78)	(− 0.54)	(− 0.60)
绩效工作水平	PE	0.015 ***	0.023 ***	0.046 ***
		(3.21)	(3.32)	(4.29)
地区法治水平	ML	− 0.002	0.014 *	0.015 *
		(− 0.24)	(1.73)	(1.87)
N		180	180	180
Adj R^2		0.119	0.103	0.116
F		12.597 ***	11.462 ***	12.718 ***

注：括号内为 t 统计量；＊代表 $p < 0.1$，＊＊代表 $p < 0.05$，＊＊＊代表 $p < 0.01$。

从表 5 – 12 可以看出，本书从实证分析的角度检验了审计结果公告与政府审计质量之间的内在关联性。审计结果公告可以对政府审计质量产生影响。从回归结果来看，无论是审计结果公告的规模、审计结果公告的公告力度，还是审计结果公告的内容翔实度，均与政府审计质量显著正相关。这表明审计结果公告对政府审计质量的提升起到了积极的作用，验证了 H1、H2 和 H3。同时，政府审计质量还受到了其他因素的影响。从其他影响政府审计质量的因素指标来看，审计人员的薪酬水平、审计经费的投入和绩效工作水平对政府审计质量水平具有显著的促进作用。审计结果公告的供给意愿、审计人员的专业胜任能力、审计结果公告的相对独立性和地区法治水平与政府审计质量在不同程度的显著性水平下存在相关性。审计部门规模与政府审计质量之间的相关性并不显著，说明在政府审计质量的提高过程中，审计人员尽管起到了至关重要的作用，但该作用的发挥有赖于审计人员的专业素质水平、对审计人员给予的合理薪酬水平，以及审计部门领导对绩效工作的重视程度和执行效果。

从整体回归情况来看，审计结果公告对政府审计质量的影响程度是众多影响因素中最为关键的因素，这也在一定程度上反映出了审计结果公告在提升政府审计质量过程中发挥着重要影响和作用。尤其是在审计结果公告对审计调查项目披露的详细程度方面，披露的被审计单位与审计调查项目的信息越丰富，越有利于政府审计质量的提高。而审计结果公告的规模和公告力度的影响程度则要弱一些。为了进一步了解审计结果公告和其他政府审计质量影响因素对于政府审计质量各个方面的影响程度，以及掌握后续改进审计结果公告的思路和方向，本书将政府审计质量细分为审计揭示质量（AQ1）、审计抵御质量（AQ2）和审计预防质量（AQ3）三个方面，并对其进行回归分析，详细的回归分析结果见表 5 – 13 ~ 表 5 – 15。

表 5 – 13   审计结果公告影响审计揭示质量的回归分析

被解释变量：审计揭示质量 AQ1				
解释变量		模型 1	模型 2	模型 3
审计结果公告的规模	ART	0.106 *** (8.62)		
审计结果公告的公告力度	ARS		0.077 ** (2.21)	
审计结果公告的内容翔实度	ARD			0.067 *** (4.27)
上一期审计预防质量	$AQ3_{-1}$	0.017 ** (2.46)	0.018 ** (2.53)	– 0.015 (– 1.12)
审计结果公告的供给意愿	SE	– 0.051 (– 1.53)	– 0.075 ** (– 2.25)	– 0.053 (– 1.59)

		模型1	模型2	模型3
被解释变量：审计揭示质量 AQ1				
解释变量		模型1	模型2	模型3
审计结果公告的相对独立性	AI	-0.018	-0.022	-0.039
		(-0.89)	(-1.05)	(-1.59)
审计人员的专业胜任能力	PC	-0.028***	-0.053***	-0.094***
		(-3.04)	(-2.85)	(-4.63)
审计经费的投入	AE	0.017***	0.018***	0.014***
		(3.87)	(4.03)	(3.12)
审计人员的薪酬水平	AW	-0.007	-0.012*	-0.029
		(-0.43)	(-1.76)	(-0.33)
审计部门规模	AS	-0.012*	-0.032	-0.009
		(-1.81)	(-1.04)	(-1.64)
绩效工作水平	PE	0.068**	0.052***	0.047***
		(2.13)	(2.85)	(2.62)
地区法治水平	ML	0.105	0.092	0.038
		(0.59)	(0.54)	(1.62)
N		150	150	150
Adj R^2		0.134	0.151	0.139
F		21.447***	23.276***	22.277***

注：括号内为 t 统计量；*代表 $p<0.1$，**代表 $p<0.05$，***代表 $p<0.01$。

表 5-13 主要是对审计结果公告对审计揭示质量的影响程度。从回归结果来看，审计结果公告的规模、公告力度和内容翔实度均与审计揭示质量呈现显著的正相关关系。审计结果公告的三个指标系数均高于政府审计质量综合评价指标回归得到的系数，这说明从目前来看，审计结果公告对政府审计揭示质量具有更显著的促进作用。随着审计结果公告的规模越来越大，披露的内容越来越丰富，审计机关和审计人员发现问题、查处问题的概率也越来越高，审计结果公告的供给意愿也越来越强烈。审计人员的专业能力越强，审计投入的经费越多，就有可能发现更多的审计单位问题。审计薪酬水平和审计部门规模对审计揭示质量的影响效果并不明显，这说明仅仅通过提高审计人员的薪酬水平是不够的，还需要与工作绩效联系起来，在既定薪酬水平下，并不能激励审计人

员做更多的工作。单靠招揽更多的工作人员提高部门的规模，不考虑绩效水平和审计人员的专业胜任能力，不仅会阻碍政府审计质量的提升，还会因为对审计人员的无效激励，阻碍审计结果公告促进政府审计质量功能的发挥。

从回归的整体效果可以看出，完善审计结果公告可以较好地促进审计揭示质量的提升，从而提升政府审计质量的整体水平。上一期的审计预防质量与本期的审计揭示质量在5%的显著性水平下呈现出正相关关系，说明政府审计预防质量对政府审计揭示质量具有一定的影响力。随着政府预防审计质量的提升，揭示质量也随之提升，发现问题和查处问题的概率进一步提高。同时，两者的正相关关系也说明，目前各地区政府预防审计质量的发挥还有待提升，对被审计单位的威慑作用还较弱，需要进一步扩大审计的权威性和影响力。

表 5 - 14　审计结果公告影响审计抵御质量的回归分析

		被解释变量：审计抵御质量 AQ2		
解释变量		模型 1	模型 2	模型 3
审计结果公告的规模	ART	0.045 * (1.91)		
审计结果公告的公告力度	ARS		0.035 ** (2.18)	
审计结果公告的内容翔实度	ARD			0.003 (0.73)
上一期审计揭示质量	$AQ1_{-1}$	- 0.023 ** (- 1.97)	- 0.042 (- 1.18)	0.015 (1.41)
审计结果公告的供给意愿	SE	- 0.070 * (- 1.94)	0.002 (0.29)	- 0.066 ** (- 1.98)
审计结果公告的相对独立性	AI	- 0.032 (- 0.51)	- 0.010 (- 0.71)	- 0.044 (- 0.77)
审计人员的专业胜任能力	PC	- 0.105 (- 0.59)	- 0.069 (- 1.02)	- 0.058 ** (- 2.41)
审计经费的投入	AE	0.006 (0.55)	- 0.020 ** (- 2.07)	- 0.030 ** (- 2.01)
审计人员的薪酬水平	AW	- 0.034 *** (- 2.79)	- 0.020 *** (- 2.82)	- 0.027 *** (- 3.49)

被解释变量：审计揭示质量 AQ2				
解释变量		模型 1	模型 2	模型 3
审计部门规模	AS	0.005	0.002	−0.001
		(0.20)	(0.32)	(−0.05)
绩效工作水平	PE	0.028*	0.069	0.075**
		(1.93)	(1.05)	(2.51)
地区法治水平	ML	0.002***	0.001**	0.001**
		(2.63)	(2.30)	(2.29)
N		150	150	150
Adj R^2		0.102	0.101	0.109
F		5.023***	5.329***	5.036***

注：括号内为 t 统计量；*代表 $p<0.1$，**代表 $p<0.05$，***代表 $p<0.01$。

从表 5-14 来看，审计结果公告对审计抵御质量的提升也具有积极的促进作用。就目前各地区审计机关的实际情况来看，审计结果公告对审计抵御质量的促进作用程度低于对审计揭示质量的促进作用程度。地区法治水平与审计抵御质量显著正相关，说明只有审计机关更加严格地按照审计准则开展审计工作，纠正被审计单位的偏差行为，审计抵御功能才能更好地发挥。审计结果公告的供给意愿对审计抵御质量的提升效果不显著，说明审计机关希望通过审计结果公告的形式对外公开政府信息，借助社会公众的公共舆论力量向被审计单位施压，督促被审计单位积极整改，纠正违规行为，但结果显示审计结果公告的供给意愿并没有很好地促进政府审计抵御功能的发挥。考察上一期的政府审计揭示质量对抵御质量的影响发现，随着审计结果公告规模的增大，审计机关发现和查处违规违纪问题的数量逐渐增多，被审计单位的整改执行效率并不高，但随着审计结果公告力度和内容翔实度的提升，两者之间的影响逐渐减弱。这说明审计机关在未来实施审计的过程中，要加大对被审计单位整改情况的问责力度，并通过审计结果公告的形式增强被审计单位审计信息的披露力度。

在回归结果中，审计人员的薪酬水平与审计抵御质量呈现负相关关系。分析数据选取的对象和时间区间，可能的原因在于，一方面目前公务员系统的薪酬制度是相对稳定的，同一级别不同部门的薪酬差距并不明显，只有实现级别的晋升，薪酬水平才会有明显的变化；另一方面审计机关的工作独立性问题会受到现行审计体制模式的影响，在对被审计单位出具审计决议书和整改建议时，可能会考虑到自己未来的职业晋升问题，从而出现审计人员执行整改、纠正偏差的行动力不强的问题。审计人员的专业胜任能力没有起到促进审计抵御质量提升的作用，原因有可能是审计人员主要把精力放在发现和查处问题上，对持续跟踪被审计单位的整改情况和纠正偏差的情况关注不足。

从表5-15可以看出，审计结果公告的规模对审计的预防质量具有显著的正向影响，而审计结果公告的公告力度和内容翔实度与审计预防质量之间的相关性不显著。这与目前审计机关的工作重心和审计结果公告内容存在一定的关联。鉴于审计机关人员规模的限制，目前地方审计机关开展的审计工作以发现和查处违规违纪问题为主，在地方审计结果公告中以地方财政资金的预算执行情况和专项资金的使用情况为主，由于政府信息公开的范围和披露的审计信息含量有限，因而对政府审计预防功能的促进作用较弱。

表5-15　审计结果公告影响审计预防质量的回归分析

被解释变量：审计预防质量 AQ3				
解释变量		模型1	模型2	模型3
审计结果公告的规模	ART	0.083 * (1.96)		
审计结果公告的公告力度	ARS		0.052 (1.15)	
审计结果公告的内容翔实度	ARD			0.031 (1.52)
审计结果公告的供给意愿	SE	−0.051 (−1.53)	0.075 ** (2.25)	−0.053 (−1.59)
审计结果公告的相对独立性	AI	−0.004 (−1.36)	−0.007 ** (−2.08)	0.001 (0.33)
审计人员的专业胜任能力	PC	−0.085 (−1.43)	−0.002 (−0.08)	−0.071 (−1.31)
审计经费的投入	AE	0.032 *** (6.03)	−0.008 (−1.58)	0.026 *** (5.02)

续表

被解释变量：审计预防质量 AQ3				
解释变量		模型 1	模型 2	模型 3
审计人员的薪酬水平	AW	0.017 *	0.011 **	0.022 **
		(1.67)	(2.40)	(2.35)
审计部门规模	AS	0.027 *	-0.001	0.024 *
		(1.87)	(-0.20)	(1.78)
绩效工作水平	PE	0.123	0.029 *	0.077
		(1.39)	(1.77)	(1.58)
地区法治水平	ML	-0.025	0.010	-0.033
		(-0.87)	(0.75)	(-1.29)
N		180	180	180
Adj R^2		0.106	0.112	0.108
F		7.051 ***	6.097 ***	6.992 ***

注：括号内为 t 统计量；* 代表 $p < 0.1$，** 代表 $p < 0.05$，*** 代表 $p < 0.01$。

在其他影响因素方面，审计经费的投入和审计预防质量之间存在显著的相关性。预防功能的发挥不仅能起到震慑作用，还能及时纠正违规的苗头性和趋势性的问题，这需要扩大审计监督的范围和覆盖面，以及充足审计经费和审计人员。

（三）稳健性检验

通过对政府审计质量的综合指标和分指标进行实证分析，发现审计结果公告对提升政府审计质量具有积极的促进作用。本节主要从社会公众的主观感知视角考察审计结果公告对政府审计质量的影响。

审计结果公告的作用包括促进与制约审计对象的公共资金行为、实现强化权力监督、维护公共利益、惩治腐败和完善公共治理（Ahmed Riahi Belkaoui，2004；Hamed Momeni，2005；廖洪和王芳，2002；张立民和丁朝霞，2006；刘明辉和常丽，2009；秦荣生，2010）。

审计结果公告的这些作用常常需要通过公共舆论得以发挥。由审计结果公告触发的公共舆论的能力和强度越大，对政府审计质量产生的影响程度就会越强。公共舆论是社会公众公开表达的综合性、一般性和倾向性的意见（许静，2009）。公共舆论作用的发挥受到公共舆论形成过程的影响。根据 Hovland（1987）的公共舆论形成模型，郑小荣（2012）提出，审计结果公告形成公共舆论包括 7 个步骤：政府发布审计结果公告—公众关注审计结果公告—公众理解审计结果公告—公众形成对被审计项目的认知—公众形成对审计结果和被审计单位的态度—公众公开表达自己态度形成公共舆论—公共舆论对审计机关和被审计对象形成舆论压力，规范被审计对象的行为，督促审计机关提高政府审计质量。

从上述公共舆论的形成过程来看，公共舆论作用的发挥最终是为了实现政府审计质量的提升，而公共舆论作用的发挥又与审计结果公告密切相关。审计结果公告的信息披露力度、内容的相关性和可理解性都会引起社会公众对审计结果公告的关注和理解，并对此做出认知判断。

表 5 - 16　影响政府审计质量的社会公众满意度的统计分析

		公众对政府审计质量的满意度（Y）				
公众对审计结果公告的认知		y_1	y_2	y_3	y_4	y_5
		监督公共资金，维护公共利益的满意度	监督政府有效利用公共资金，提高资金利用率的满意度	有效监督公权力运行的满意度	惩治腐败的满意度	审计人员遵循审计准则的满意度
z_1	公告信息披露力度	0.75 **	- 0.25 **	- 0.53 *	0.31 ***	0.19 *
		(2.25)	(- 2.38)	(- 1.89)	(4.24)	(1.99)
z_2	公告信息披露及时性	0.31	- 0.29	- 0.45	0.52	0.22 *
		(1.06)	(- 1.54)	(- 1.12)	(1.06)	(2.02)
z_3	公告内容相关度	0.45 **	0.63 *	0.46 ***	0.43 ***	0.57 ***
		(2.71)	(1.96)	(5.44)	(- 3.85)	(3.15)
z_4	公告内容可理解度	0.31 *	- 0.21 *	- 0.39	0.37	0.18 **
		(1.93)	(- 1.91)	(- 1.55)	(1.27)	(2.53)
N		597				
Adj R^2		0.706				
F		37.88 ***				

注：括号内为 t 统计量；* 代表 p < 0.1，** 代表 p < 0.05，*** 代表 p < 0.01。

表5-16从社会公众对政府审计质量满意度的角度讨论了审计结果公告对政府审计质量的影响。从回归结果可以看出，①整体来说，审计结果公告在对外公开政府信息和披露审计信息的过程中，信息披露力度、及时性、内容相关度和内容可理解度会引起社会公众对政府审计质量水平主观满意度的差异。②审计结果公告信息披露力度会提升社会公众对监督公共资金和惩治腐败的满意度，但对监督权力运行的满意度并没有产生正向影响，可能在于权力运行的监督针对性不足，虽然揭示了违规违纪问题，但纠偏和执行力度不足。③公告信息披露的及时性对改善社会公众对于政府审计质量的满意度作用效果不明显。这说明当前社会公众对于审计机关对外披露政府信息和审计结果的速度基本满意，改变披露的时间节点，并没有产生明显的敏感性波动。④审计结果公告内容相关度对改变社会公众对政府审计质量的满意度敏感性最高。审计结果公告披露的审计信息相关度越高，社会公众越感觉公共资金得到了保障，公权力运行得到了有效监督，腐败行为得到了有力的约束，审计人员遵循审计准则的程度越高。⑤审计结果公告内容可理解度对社会公众对政府审计质量满意度的判断影响趋势不一，其原因一方面可能在于被试对象文化水平不一，对同一份审计结果公告的理解程度存在差异；另一方面可能在于目前我国审计机关对外公布的审计结果公告文字篇幅并不长。从第四章的描述性统计分析来看，被试者整体上认为审计结果公告是可以理解的，因此，对政府审计质量的满意度反应的敏感度不高。

通过对问卷调查的统计分析发现，审计结果公告会对政府审计质量水平产生影响。此外，审计结果公告的信息含量、披露力度和及时性对政府审计质量水平的作用和影响程度存在差异。

在寻求提升政府审计质量水平的作用路径时，应该有针对性地改革和完善审计结果公告，以更好地促进政府审计质量水平的提升。

（四）研究结论

通过审计结果公告作用和影响政府审计质量的实证分析，①回归结果显示审计结果公告对政府审计质量有显著的提升作用。审计结果公告的数量规模越大，政府审计质量越高；审计结果公告的公告力度越大，政府审计质量越高；

审计结果公告的内容翔实度越高，政府审计质量越高。②审计结果公告对政府审计质量的影响程度是众多影响因素中最为关键的因素，这也在一定程度上反映出了审计结果公告在提升政府审计质量过程中发挥着重要影响和作用。③进一步对审计结果公告作用和影响政府审计质量进行细分，发现审计结果公告在提升政府审计质量的过程中影响程度存在差异。将政府审计质量细分为审计揭示质量（AQ1）、审计抵御质量（AQ2）和审计预防质量（AQ3）分别进行回归分析，发现就目前所选取的样本区间来看，审计结果公告对政府审计质量（审计揭示质量、审计抵御质量、审计预防质量）产生了显著性的影响。其中，审计结果公告促进审计揭示质量提升的效果最为明显，审计抵御质量次之，对审计预防质量的提升影响力不足。④审计结果公告的供给意愿、审计结果公告的相对独立性、审计人员的专业胜任能力、审计经费的投入、审计人员的薪酬水平、审计部门规模、绩效工作水平和地区法治水平不同程度地对政府审计质量产生了影响。其中，审计人员的专业胜任能力和绩效工作水平对各个分项政府审计质量都有比较明显的影响力。审计人员的薪酬水平对各个分项政府审计质量的作用效果不一，与审计抵御质量和揭示质量负相关，与审计预防质量呈现正相关关系，可能是因为目前公务员系统的薪酬制度是相对稳定的，同一级别不同部门的薪酬差距并不明显，只有实现级别的晋升，薪酬水平才会有明显的变化；另外，审计机关的工作独立性问题会受到现行审计体制模式的影响，在对被审计单位出具审计决议书和整改建议时，可能会考虑到自己未来的职业晋升问题，从而出现审计人员执行整改、纠正偏差的行动力不强的问题。这一导向导致审计人员对被审计单位的整改情况跟踪审计不足，影响了审计抵御质量的提升。

本章小结

本书从理论分析的角度探讨了审计结果公告与政府审计质量的内在联系和作用关系，本章主要从实证的角度分析和检验了审计结果公告作用和影响政府审计质量，为审计结果公告应该而且可以促进政府审计质量的提升的理论分析提供了经验证据。

通过描述性统计分析和实证回归分析,本章得到了以下研究结论:①审计结果公告确实是影响政府审计质量的重要因素之一。扩大审计结果公告的规模,提高审计结果公告的公告力度,增强审计结果公告的内容翔实度可以有效提高政府审计质量。②审计结果公告在提升政府审计质量水平的不同层面存在差异性。由目前省级政府的数据得到的回归结果来看,审计结果公告对提升审计揭示质量的作用最为显著,对提升审计抵御质量的作用效果次之,对提升审计预防质量的作用效果最弱。主要原因在于,当前审计机关的工作重点是在审计实施过程中发现和查处违规违纪问题,忽视了持续跟踪被审计单位的整改进度和违规违纪行为的纠偏情况。我国特殊的行政审计模式,赋予了审计机关特殊的行政权力,审计机关在大力揭示违规违纪问题的同时,还应该关注对已查处问题的纠偏。政府审计工作既要善于发现问题、查处问题,又要清楚审计作为一种特殊的经济控制机制,查处问题并非政府审计的目的所在。政府审计的本质是保障公共受托经济责任的全面有效履行,政府审计的根本目的是根据发现的问题,从体制、机制、政策层面查找问题的根源,帮助被审计单位完善制度,改善管理,增进绩效,防范风险,避免问题再次发生。③实证回归结果说明,审计机关在后续开展审计工作过程中,应该改变主要把精力放在发现和查处问题,对及时制止趋势性问题和跟踪被审计单位的整改情况关注度不足的现象。同时,这也说明在审计人员规模有限的情况下,应加快提高一线审计人员的专业胜任能力,创新审计方法。④稳健性检验结果显示政府审计质量常以审计过程质量和结果质量来衡量。从审计服务的使用者的角度来理解审计质量,审计服务的好坏体现在更好、更有效地满足使用者的持续需求上,也在一定程度上佐证了审计结果公告对提升政府审计质量的促进作用。调查问卷的统计分析结果进一步验证了改革和完善审计结果公告对提升政府审计质量的必要性和重要性,并为如何改革和完善审计结果公告提供了参考依据。

第六章

提升政府审计质量的
经济后果分析

国家审计是依法用权力监督制约权力的制度安排（刘家义，2012）。通过发挥其监督、揭示、评价、预防、治理等功能，从而有效提高地区政府的治理效率、防治腐败问题发生。基于第三章的理论分析和第五章的实证分析，本书从理论层面和实证层面对审计结果公告作用和影响政府审计质量进行了分析和探讨，明确了在促进政府审计质量提升过程中改革和完善审计结果公告的必要性和重要性。本章主要结合第三章的理论分析框架，通过对提升政府审计质量的经济后果进行分析，进一步明确提升政府审计质量的作用和意义。以审计结果公告为外生事件，考察审计结果公告对提升政府审计质量水平以及经济后果的影响。

审计是一种特殊的经济控制机制，其本质目标是保障和促进受托经济责任的全面有效履行（蔡春，2001）。相应地，国家审计的本质目标就是保障和促进公共受托经济责任的全面有效履行。公共受托经济责任的全面有效履行与政府治理效率密切相关。因而，从动因来看，国家审计作用于提升政府治理效率是公共受托经济责任的内在要求和重要内容。另外，监督政府部门的财政资金使用效率、监管重大投资项目、及时查处和纠正违规违纪问题是国家审计的工作重心，是国家审计发挥国家治理功效的内在需求。从作用机制来看，国家审计通过对财政资金使用的合法合规性、效率效果情况进行监控，可以减少违规使用财政资金的行为，保障公共财政资金的安全，提高公共财政资金的利用率，提升政府的行政治理效率。同时，国家审计通过对政府公职人员公权力运行责任的监督，可以减少寻租腐败行为，提高政府的腐败治理效率。

国家审计作用于提升地区政府的治理效率、防治腐败问题的效力，又需要以高水平的政府审计质量为前提和保障。只有不断提高政府审计质量水平，才能确保国家审计通过对监督过程中所发现的制度层面的问题进行深入分析，提出切实可行的审计建议，有助于体制机制的完善，提升制度的有效性，进而改善政府的治理效率。

一、理论分析与研究假设

本章以公共受托经济责任理论为基础，在对审计结果公告作用政府审计质量的分析基础上，探讨政府审计质量的提升对地方政府治理效率的有力促进作用。以此为基础，提出与之相对应的研究假设。

（一）政府审计质量与地方政府治理效率

政府审计作为一种特殊的经济控制机制，其根本目标是保障和促进公共受托经济责任的全面有效履行。政府审计的监督权是由宪法赋予的，具有较高的独立性，其依法监督行为不受任何其他主体的干预。政府审计作为专职从事经济监督的国家机关，在保障和促进公共受托经济责任的全面有效履行、提升政府的治理效率方面理应发挥重要的作用。

政府审计功能和作用的发挥与政府审计质量水平密切相关。高水平的政府审计质量反映出了审计机关和审计人员的独立性和专业胜任能力，能够更好地发现和查处违规违纪问题，报告违规违纪问题，纠正违规违纪问题。规范被审计对象的行为，有助于审计机关更好地发挥审计的揭示、抵御和预防功能。

本节主要从地方政府治理效率的视角探讨了提升政府审计质量的深层意义。从动因和效果两个角度分析，不断提高政府审计质量有利于改善地方政府治理效率，更好地保障和促进政府有效履行公共受托经济责任，发挥国家治理的功效。

第一，政府审计作用于改善地方政府的治理效率是公共受托经济责任的内在要求。高水平的政府审计质量是政府审计依法用权力监督制约权力的有力保证。随着经济社会环境的变化，公共受托经济责任的内涵和外延不断丰富和拓展。当改善政府的治理效率成为公共受托经济责任的重要内容时，不断追求高水平的政府审计质量，将有助于审计功能的发挥，促进政府治理效率的提升。

第二，政府审计作为八大监督体系之一，是地方政府改善治理效率、实现良治的有效方式。利用各级审计机关和审计人员的行业专长和政府审计特有的审计独立性，监督政府合理、有效利用财政资金，规范公权力的运行，履行公权力的运行责任。高水平的政府审计质量必将更有利于在监督地方政府重大投资项目、提高政府行政效率、防治腐败等方面发挥重要的作用。

第三，提高国家审计机关的审计能力和审计影响力，发挥审计各项职能，促进地方政府治理效率提升，地方经济和各项社会事业的发展是实现审计人员职业晋升目标的自我需求。由此可见，审计人员有提供高水平政府审计质量的意愿，以此来推进地方政府治理水平的提升。

从提升政府审计质量和改善政府治理效率的效果来看，政府审计质量的本质在于政府审计功能的发挥。政府审计通过发挥监督、治理功能有效提升地方政府的治理效率。一方面，政府审计通过监控地方政府财政资金使用的合法合规情况以及效率效果情况，能够减少地方政府财政资金使用过程中的违法违规和损失浪费行为，有助于提高公共资金的使用效率，减少地方政府的无效率支出，合理控制地方政府的支出规模，进而提升其行政管理效率。另一方面，政府审计通过监控地方政府公共经济权力的运行状况，能够有效促进地方官员切实履行公共受托经济责任，减少寻租腐败行为，有助于提升地方政府的腐败治理效率。此外，政府审计在实施监督和治理的过程中，通过不断提升自身的审计质量水平，更好地促进了地方政府治理效率的提高。

基于以上分析，提出以下假设：

H1：提升政府审计质量水平，有助于政府审计功能的发挥，能够有效提升地方政府的治理效率。

（二）审计结果公告与地方政府治理效率

在权力监督和腐败惩治的过程中，政府信息公开和政府审计监督是政府职能定位转型，权力运行责任有效履行的重要手段和方式。积极建立和完善审计结果公开制度，持续公告审计结果，推动政府信息公开，加强政府审计监督效力。

本节主要从审计结果公告的角度探讨和分析了审计结果公告如何在政府审计质量提升改善地方政府治理效率的过程中发挥积极的促进作用。审计结果公告对政府审计质量和地方政府治理效率具有积极的作用，主要体现在以下两个方面：

一方面，审计结果公告强化了政府信息公开力度。保障了社会公众对公共信息的知情权，发挥了社会公众的公共舆论监督作用，提高了社会公众对被审计单位和审计机关的监督，督促被审计单位接受审计意见和建议，规范自身行为，提高财经纪律意识。通过审计结果公告，加快政府信息和审计信息的有效流动，扩大审计机关的影响力，增强审计机关的执法力度，提高政府审计质量，提升政府信息的透明度，改进政府行政效能。所以，审计结果公告的出台和实施，提升了政府信息的披露力度，促进了政府审计质量的提高，改善了地方政府的行政治理效率。

另一方面，审计结果公告强化了对政府权力的制约和监督。审计结果公告通过对外公开审计结果，发挥双向权力制约作用（胡贵安，2007），既是权力监督制衡和防治腐败的作用机制，又是对审计监督权自身运行的监督与制约机制。促进地方政府行政方式的转变，更好地管理和使用公共资源和公共资金。提高政府部门的治理效率，建立行为规范、运转协调、公开透明和廉洁高效的政府。这意味着，审计结果的公告力度越大，对政府权力的制约和监督效力就会越强，遏制和惩治腐败的治理效果也就越明显。

基于以上分析，提出以下假设：

H2：审计结果公告力度越大，政府审计质量水平对促进地区政府治理效率提升的作用效果越好。

二、研究设计与数据说明

（一）研究设计

本节考察政府审计质量水平在提高地方政府治理效率方面的作用。具体而言，通过省级数据，实证检验政府审计质量水平与地方政府治理效率之间的关系。因此，构建了如下回归模型以检验提升政府审计质量水平的意义和作用。审计结果公告的影响将采用分组回归的方式予以检验。

$$GOV = \alpha + \beta \times Audit + \gamma_1 \times LGC + \gamma_2 \times RGDP + \gamma_3 \times LGD + \gamma_4 \times UL + \gamma_5 \times SF + \varepsilon_{i,t}$$

其中，GOV 是衡量政府治理效率的一组变量，包括政府行政管理效率（GAE）和腐败治理效力（CGE）。Audit 是衡量政府审计质量水平的变量，沿用本书在第四章构建的政府审计质量测量评价指标。具体变量的选择及说明如下：

1. 被解释变量

有关政府治理的研究文献表明，政府的治理效率主要体现在政府的行政管理效率（Back and Handenius，2008；何俊志，2011）和腐败治理效力（La Porta，1998；Helliwell and Huang，2008；张克中和何凌云，2012）等方面。因此，本章借鉴已有的文献资料，通过选取有关行政管理效率（GAE）和腐败治理效力（CGE）的指标来测度和反映地方政府的治理效率。

其中，行政管理效率（GAE）通过"1 - 行政管理支出/实际 GDP"来反映。该数值越大，表明政府的行政管理费用支出在地方实际 GDP 中的占比越小，说明地方政府的行政管理效率越高。借鉴张军（2007）的研究，腐败治理效力（CGE）则采用"每万名公职人员贪污贿赂案件立案数的自然对数"来衡量，该数值越大，说明地方政府的腐败治理效力越强，表明政府治理的效率越高。

2. 解释变量

该回归模型中的解释变量为政府审计质量水平。该变量已在第四章中进行了详细阐述。

政府审计质量的本质在于发挥审计的预防功能、揭示功能和抵御功能。本书认为，政府审计质量是审计机构遵循审计准则和审计规范，满足审计信息需求双方期望，在对公共经济活动开展监督和治理过程中发现问题、报告问题和纠正违规行为的条件概率，包含审计揭示质量、审计抵御质量、审计预防质量与社会公众的满意度和信任度。

3. 控制变量

政府竞争（LGC）。自改革开放以来，地方政府为了发展经济，地区间在招商引资方面展开了激烈的竞争。吸引外资的竞争将会对地方政府的行为产生一定的影响，如各地争相出台优惠政策，提高对外资企业的审批效率等，这些措施可能会对地方政府的治理效率产生影响。借鉴张军等（2007）的研究，本书以"人均实际利用的外商直接投资（FDI）"来衡量地方政府的竞争程度。

地区经济发展水平（RGDP）。我国幅员辽阔，各省市之间在经济、文化等方面存在差异。地区经济越发达，地方政府可利用的经济资源就越丰富，地方政府履行公共受托经济责任的情况就越受社会各界的关注。同时，国家各级审计机关所获得的资源越多，越有利于发挥政府审计的监督和治理作用。因此，需要对地区经济发展水平可能产生的影响加以控制。借鉴傅勇和张晏（2007）的研究，以"人均实际GDP"来衡量地区经济的发展水平。

地方政府性债务规模（LGD）。长期以来，发展地区经济一直是地方政府的工作重心。随着分税制改革的完成，财权上升、事权下降，赋予了地方政府更多的事权，为了实现政治晋升的目标，地方政府采用多种形式筹措资金，用于市政建设、土地收储、交通运输、保障性住房、教科文卫、农林水利、生态建设、工业、能源等基础性、公益性事业，促进地区经济发展。不同规模的地方政府性债务，也产生了不同程度的政府性债务风险，这在一定程度上对地方政府的治理效率产生了影响。以"实际地方性债务总额/实际GDP"来衡量地方政府性债务规模。

城镇化水平（UL）。地区城镇化水平越高，人们受教育程度和受教育水平越高，地区的人口集中度也会越高，人们监督政府履责的意愿也会越强烈，获取信息和监督政府的能力也越强。因此，借鉴林毅夫和刘志强（2000）的做法，以"地区城镇人口占总人口的比重"来衡量该地区的城镇化水平。

财政自给率（SF）。地方政府的财政充足程度将会对政府的投融资活动以及其他的经济活动产生较大的影响，从而影响政府的治理效率。因此，借鉴傅勇（2010）的做法，以"预算内财政收入/预算内财政支出"来衡量财政自给率。

具体变量的定义及其计算说明如表6-1所示：

表6-1 变量定义

	变量名称	变量符号	变量定义域说明
被解释变量	行政管理效率	GAE	1-行政管理支出/实际GDP
	腐败治理效力	CGE	借鉴张军（2007）的研究，每万名公职人员贪污贿赂案件立案数的自然对数
解释变量	政府审计质量	AQ	依据政府审计质量的定义，结合公众对政府审计质量的满意度，公众对政府审计质量的信任度，审计覆盖率，单位审计发现问题金额，人均审计发现问题金额，单位提交审计工作报告规模，已上缴财政金额比率，已减少财政拨款或财政补贴比率，移送案件处理率和审计建议被采纳率来构建政府审计质量测量体系
	审计结果公告	AR	这里主要考察的是地方审计结果公告。如果该地区对外公开审计结果，则赋值为1，否则为0
控制变量	政府竞争	LGC	借鉴张军等（2007）的研究，本书以"人均实际利用的外商直接投资（FDI）"来衡量地方政府的竞争程度
	地区经济发展水平	RGDP	借鉴傅勇和张晏（2007）的研究，以"人均实际GDP"来衡量地区经济的发展水平
	地方政府性债务规模	LGD	实际地方性债务总额/实际GDP
	城镇化水平	UL	借鉴林毅夫和刘志强（2000）的做法，以"地区城镇人口占总人口的比重"来衡量该地区的城镇化水平
	财政自给率	SF	借鉴傅勇（2010）的做法，以"预算内财政收入/预算内财政支出"来衡量财政自给率

（二）数据说明

根据以上的研究设计，本章主要基于公共受托经济责任观的视角，利用2002—2013年省级政府层面的数据，实证考察提升政府审计质量水平的经济后果——地方政府治理效率的提高。除去西藏以外的其他30个省（自治区、直辖市），其有关数据来自历年的《中国审计年鉴》、地区经济发展数据、《中国统计年鉴》、《新中国六十年统计资料汇编》和《中国检察年鉴》。

三、提升政府审计质量促进地方政府治理效率的实证结果分析

（一）描述性统计分析

从表6-2可以看出，在政府治理效率的变量方面，行政管理效率（GAE）的均值为0.991，最小值为0.941，最大值为0.997，标准差为0.001，说明地区政府的行政管理费支出占到了实际GDP的0.9%，地区政府的行政管理费支出较多；腐败治理效力（CGE）的均值为3.517，最小值为2.531，最大值为5.106，说明每万名公职人员贪污贿赂案件的立案数为35.701件，说明地区政府开展了较大程度的反腐败工作，同时也说明了部分地区的腐败问题较为严重。

表6-2 主要变量的描述性统计分析

Variable	Min	Max	Mean	SD
GAE	0.941	0.997	0.991	0.001
CGE	2.531	5.106	3.517	0.381
Audit	0.0552	0.862	0.389	0.567

续表

Variable	Min	Max	Mean	SD
LGC	0.011	908.291	22.825	134.276
RGDP	366.362	25836.13	1901.359	2988.374
LGD	0.131	0.862	0.278	0.311
UL	0.122	0.921	0.373	0.158
SF	0.199	7.603	0.717	0.604

在控制变量方面，政府竞争（LGC）的均值为22.825，说明人均利用的FDI为22.825元，最大值达到了908.291元，说明各地区之间在利用外资方面的差异较大；地区经济发展水平（RGDP）的均值为1901.359，说明人均实际GDP为1901.359元，最大值达到了25836.13元，标准差为2988.374，说明地区之间的经济发展水平有非常大的差异；财政自给率（SF）的均值为0.717，标准差为0.604，说明我国地区政府的财政状况存在入不敷出的现象，财政赤字的问题较为突出，并且各地区之间的财政状况差异较大。

（二）多元回归结果分析

1. 政府审计质量水平与地区政府治理效率

从表6－3来看，政府审计质量水平（Audit）与行政管理效率（GAE）的回归系数为0.001，在1%的水平上显著为正，表明政府审计质量的水平越高，地方政府的行政管理效率越高。政府审计通过监控财政资金使用过程中的违法违规及损失浪费等情况，有助于减少政府行政管理费支出过程中存在的问题，进而提升地方政府的行政管理效率。政府审计质量水平（Audit）与腐败治理效力（CGE）的回归系数为0.059，在1%的水平上显著，说明提升政府审计质量水平，有助于地方政府反腐败工作的开展，查处贪污腐败等案件，从而促进地方政府治理效率的提高。

表6-3　政府审计质量水平与地区政府治理效率

Variable	(1)	(2)
	GAE	CGE
Audit	0.001***	0.059***
	(5.45)	(6.64)
LGC	0.001*	0.079*
	(1.88)	(1.91)
RGDP	-0.0057***	-0.065***
	(-5.34)	(-4.83)
LGD	-0.051***	-0.679**
	(-5.88)	(-2.61)
UL	0.007**	0.213*
	(2.45)	(1.93)
SF	0.013***	0.309***
	(7.51)	(3.02)
N	360	360
Adj R^2	0.534	0.572
F	56.263***	28.372***

注：括号内为 t 统计量；*代表 $p < 0.1$，**代表 $p < 0.05$，***代表 $p < 0.01$。

在控制变量方面。政府竞争（LGC）的回归结果仅在10%的水平上显著，可能是因为受到其他变量的影响。地区经济发展水平（RGDP）的回归系数为负，表明地区经济发展水平越高，地方政府拥有的经济资源越多，导致地方政府并不注重控制行政管理费支出。财政自给率（SF）的回归系数均在1%的水平上显著为正，结合描述性统计结果，表明政府控制赤字支出有助于提升行政管理效率。

2. 审计结果公告与地方政府治理效率

本书在之前的理论分析框架中，对审计结果公告作用政府审计质量水平进行了分析，并在本章中对提升政府审计质量水平的经济后果进行了讨论，进一步强调了提升政府审计质量水平的重要意义和作用。那么，审计结果公告如何通过提升政府审计质量水平来影响地方政府治理效率？本节通过实证分析的方式进行了讨论。

从表6-4可以看出,提升政府审计质量水平有利于地方政府行政管理效率(GAE)的提高和腐败治理效力(CGE)的改善。随着审计结果公告对外公开审计信息,政府信息公开,审计信息透明度增强,在防止腐败行为发生的过程中效果显著。这说明改革和完善审计结果公告制度有利于促进政府审计质量的提升,进而提升地方政府治理效率,充分发挥国家审计的监督和治理效力,有力保障公共受托经济责任的有效履行。

表6-4 审计结果公告与地区治理效率

Variable	(1)	(2)
	GAE	CGE
Audit	0.046*	0.031***
	(1.68)	(4.86)
AR	0.063	0.005***
	(1.37)	(2.43)
Audit × AR	0.023***	0.074***
	(4.67)	(2.79)
LGC	-0.097	0.041***
	(-0.88)	(3.22)
RGDP	0.013	-0.025
	(0.26)	(-1.31)
UL	0.089***	-0.032
	(2.66)	(1.12)
SF	0.024***	0.037***
	(3.10)	(2.79)
LGC	-0.656**	0.079
	(-2.32)	(1.20)
N	359	359
Adj R^2	0.124	0.106
F	15.039***	13.571***

注:括号内为t统计量;*代表p<0.1,**代表p<0.05,***代表p<0.01。

为了进一步分析审计结果公告的作用，本书以 2008 年为分界线，分组讨论了地方审计机关对外公开审计信息和审计结果前后，提升政府审计质量水平对改善地方政府治理效率的作用效果和影响力变化。

从表 6 - 5 可以看出，随着地方审计机关对外公开审计结果，政府审计质量水平对地方政府的治理效率的作用力和影响力显著提高。

表 6 - 5　分组审计结果公告与地方政府治理效率

Variable	(1)	(2)	(3)	(4)
	GAE	GAE	CGE	CGE
	AR = 0	AR = 1	AR = 0	AR = 1
Audit	0.021 ***	0.037 ***	0.004	0.007 **
	(2.86)	(2.92)	(1.36)	(2.08)
LGC	0.014 *	0.015 *	0.025 **	0.031 ***
	(1.73)	(1.87)	(2.35)	(3.16)
RGDP	0.008	0.052 *	− 0.022	− 0.012
	(0.60)	(1.85)	(− 1.42)	(− 0.76)
LCD	− 0.011	0.019 **	0.014	0.026
	(− 0.78)	(2.27)	(1.00)	(0.46)
UL	0.012 *	0.015 ***	0.001	0.022 **
	(1.86)	(2.63)	(0.31)	(2.03)
SF	0.071	− 0.034	0.026 ***	0.017 **
	(1.62)	(− 1.25)	(3.98)	(2.18)
N	198	161	198	161
Adj R²	0.366	0.383	0.361	0.372
F	5.382 ***	6.935 ***	5.739 ***	6.725 ***

注：括号内为 t 统计量；* 代表 p < 0.1，** 代表 p < 0.05，*** 代表 p < 0.01。

本章小结

高水平的政府审计质量是保障政府审计功能得以充分发挥的关键。只有不断提高政府审计质量水平，才能有力保障和促进公共受托经济责任的全面有效履行。从理论上讲，政府审计通过发挥治理功能，促进政府责任的有效履行，防止地方官员的短期经济增长行为和寻租行为，进而有助于政府治理效率的提高。

本章以公共受托经济责任理论为基础，运用 2002～2013 年的省级政府数据，实证考察了提高政府审计质量水平在增进地方政府治理效率方面所发挥的作用。研究发现，通过提高政府审计质量水平，有助于政府审计功能的发挥，有效提升地方政府的行政管理效率，抑制地方政府的腐败行为。

研究还发现，将审计结果公告作为外生事件，考察审计结果公告对政府审计质量水平的影响，结果显示，随着地方政府逐步向社会公众公开审计结果，这一行为扩大了政府审计质量对地方政府治理效率的作用效果，说明审计结果公告不仅有助于政府审计质量水平的提升，还有助于政府审计质量的经济后果的作用发挥。

以上的研究结论具有重要的启示意义，主要表现在以下两个方面：

第一，该研究结论为本书研究如何通过改革和完善审计结果公告制度促进政府审计质量的提升提供了现实意义，明确了提升政府审计质量的作用和意义，可以促进地方政府行政治理效率的提高，防止腐败问题的发生，也表明了改革和完善审计结果公告的必要性和重要性，为后续开展针对提高审计结果公告质量的研究指明了方向和实现路径。

第二，本章的研究是对上一章审计结果公告作用政府审计质量实证分析的进一步延伸。本章的研究发现，在服务权力监督和国家治理中，政府审计发挥着越来越重要的作用，研究结论深化了政府审计在国家治理中的地位和影响力。

基于上述分析，本书将在下一章着重分析如何通过改革和完善审计结果公告来进一步提升政府审计质量，促使政府审计在国家治理中发挥更大的作用。

第七章

改革和完善审计结果公告

推行审计结果公告制度是政府审计的一个必要程序。通过审计结果公告，社会公众的知情权得到了维护和尊重，提高了审计工作的公开性和政府信息的透明度（靳思昌，2014）。在社会公众的监督下，审计机关能够更加积极地发现、查处、报告和纠正违规违纪问题，提升政府审计质量水平。

在之前的章节中，本书分别从理论层面和实证角度分析和检验了审计结果公告对政府审计质量提高的作用和影响。在对政府审计的经济后果进一步分析后指出，提升政府审计质量意义重大，表明了改革和完善审计结果公告的必要性。

本章结合实证分析结论，有针对性地提出了改革和完善审计结果公告的方向，探讨了进一步提升政府审计质量水平的实现路径。

自2003年审计署对外公布第一份审计结果公告以来，截止到2016年2月，审计署先后发布了233份审计结果公告。公告涉及的内容越来越广泛，频率越来越高，披露的审计信息量越来越大。可以说，审计结果公告制度取得了不错的成绩，促进了政府审计质量的提升。但是，审计结果公告制度也并非完美，在制度设计和内容安排上还存在缺陷，双重领导体制、审计人员数量有限、素质不高、政府审计公告供给愿望不强等问题的出现，阻碍了审计结果公告进一步促进政府审计质量的提升。然而，公民参与民主政治意识的增强、政府职能的转变、实现审计全覆盖以及发挥国家治理功能的需求要求政府审计质量水平不断提高。

在这一历史背景下，消除阻碍，改革和完善审计结果公告成为了政府审计质量提升路上必须要完成的任务。只有这样，政府审计质量才能进一步提升，实现审计功能的拓展和有效发挥。因此，围绕如何改革和完善审计结果公告，理论界和实务界开展了大量的研究。考虑到行政型审计模式和双重领导体制存在的问题，学者们提出改革行政型体制，借鉴国外的立法或独立型审计模式，提出了一系列的改革路径。审计结果公告的实证研究表示现行的行政审计体制适合我国国情。我们应该关注的是如何在不改变现行行政审计体制的前提下探索一条改革的路径和办法，实现政府审计质量和国家治理水平的帕累托改进（靳思昌，2014）。孙澄生（2002）指出，我国建立现行的行政型审计体制确实还有不少不到位的地方，暴露了不少不足之处，但不能因为体制存在问题和不足就轻易提出更换体制，应该考虑如何补漏完善。

针对上一章在审计结果公告作用和影响政府审计质量的实证分析中发现的问题，本书提出从以下几个方面来改革和完善审计结果公告制度，促进政府审计质量进一步提升。

一、强化审计机关内部的运行机制

基于第五章的实证分析结果，可以看出审计结果公告的供给意愿在很多情况下没能成为提升政府审计质量的显著性指标和因素。审计结果公告尽管对提升政府审计质量有着重要的促进作用，但如果审计机关和审计人员自身提供审计结果公告的供给意愿不强，审计结果公告促进政府审计质量将会后劲不足。如何改善这一现状，提高审计结果公告的供给意愿是审计结果公告制度改革和完善前必须解决的问题。

我国现行的审计模式属于行政型审计模式。审计署和各级审计机关属于政府的职能部门，每年需要向政府作工作报告，服务于政府的行政需求。在这样的行政体制下，审计机关在实施审计监督的过程中往往会受到行政的干预，审计独立性的发挥受到了一定影响。在行政审计模式下，审计人员需要先将审计结果向政府报告，经政府批准后再向人大报告并适时对外公布，这样的情况导致审计人员在下达审计决议书和出具审计结论的时候，可能会考虑到自身承担的风险，因而，审计结论会出现没有充分表达审计事项的问题，对外公开审计结果的意愿也不明显。

政府职能的转变和社会公众参与民主政治意识的不断提高也在推动着政府不断调整思路和方向，服务社会公众，维护社会公众的集体利益。在这一历史背景下，政府审计的发展也需要不断强化审计机关内部的运行机制，转变思想和思路，提升审计工作的监督和治理效力。

在社会不断进步、制度不断完善的今天，公共资源的所有者和公共权力的赋予者参与民主政治的需求越来越强烈。政府职能的转变也希望和要求公民参与到国家发展和国家治理中来。要参与民主政治，参与国家治理，就要了解政府组织部门如何运营公共资源，行使公共权力；在配置公共资源和运用公权力的过程中是否有效履行了公共受托经济责任，发挥了社会公众的监督效用。审计结果公告就提供了这样的需求，保障了社会公众参与民主政治、参与国家治理的权力。

首先，将审计部门对外公开审计结果公告作为审计部门的绩效考核指标之一，将审计人员的薪酬水平也纳入到审计部门的绩效考核之中，能够提高审计部门的工作效率。

其次，明确审计人员需要承担的审计责任，改变之前单纯以出现审计差错为审计人员需要承担审计责任的衡量标准，慢作为和不作为也要承担相应的审计责任。审计证据必须能够支撑审计结论，审计结论也必须能够充分表达审计事项。

再次，审计经费是审计部门和审计人员积极有效开展审计工作的最有效的支撑手段。没有充足的审计经费作保证，审计工作难以开展，审计工作的独立性也容易受到地区政府的限制。审计作为一个实施监督和治理的独立组织和部门，应该将其预算和审计经费从地方财政中剥离出来，接受各级人大的审核，保障社会公众的审计信息知情权。审计经费由人大审批，审计机关应该积极供给审计信息，满足社会公众的需求。

最后，审计结果公告的信息披露权也需要直接由各级人大执行，审计结果公告在对外披露前还需要经各级地方政府的审批，这不仅会导致审计机关的运行效率下降，审计结果内容还会受到政府的行政干预。

二、完善审计结果公告的问责制度

在审计结果公告作用审计抵御质量的实证分析中发现，审计结果公告作用审计抵御质量的影响力还比较弱。审计人员的专业胜任能力没有起到促进审计抵御质量提升的作用。审计人员的薪酬水平也没有对提升审计抵御质量起到积极的促进作用。这说明审计机关和审计人员执行整改、纠正偏差的行动力不强。这是因为审计人员主要把精力放在发现和查处问题上，对持续跟踪被审计单位的整改情况和纠正偏差的情况关注不足。政府审计质量不仅包含发现和查处违规问题的概率，还包含纠正违规行为的概率。审计的作用是监督和治理，监督很重要，治理被审计单位的违规问题、规范被审计单位的违规行为也同样重要。

我国特殊的行政审计模式赋予了审计机关特殊的行政权力，审计机关在大力揭示违规违纪问题的同时，还应该关注对已查处问题的纠偏。政府审计工作既要善于发现问题、查处问题，又要清楚审计作为一种特殊的经济控制机制，查处问题并非政府审计的目的。政府审计的本质是保障公共受托经济责任的全面有效履行，政府审计的根本目的是根据发现的问题，从体制、机制、政策层面查找问题的根源，帮助被审计单位完善制度，改善管理，增进绩效，防范风险，避免问题再次发生。问责机制不完善是造成"屡审屡犯"的重要根源之一。

目前，审计机关和审计人员在这方面的差距主要体现在两方面。一方面，在行政型审计体制下，审计结果需要接受政府的审查，这在一定程度上削弱了审计的威慑作用，被审计单位对政府审查后的审计结论重视程度会减弱。审计机关在执行审计结果的过程中会遇到阻力。另一方面，面对这些阻力，审计机关无法拿出相关的法律法规强制被审计单位纠正偏差和错误，结果就是将原本就有限的审计人员投入到其他的审计任务中，完成相应规模数量的审计调查项目。长此以往，就陷入了屡审屡犯的困境，审计机关发现和查处被审计单位的违规问题，被审计单位继续以往的行为和做法，无形中纵容了被审计单位的违规行为。

通过审计结果公告，社会公众获取了审计信息，参与了民主政治。社会公众参与国家治理的知情权和信息权得到了满足和实现。审计人员的审计行为也从封闭式运行变成了半公开式运行。审计人员会担心因自身未遵循审计准则而出现审计偏差和重大错报，审计人员会担心自己的审计行为受到批评和指责，审计人员会担心审计行为不当、慢作为、不作为而影响自身的职业发展。对审计机关和审计人员来说，其具有信息优势，审计行为又比较隐蔽，而且没有对审计人员行为的外部监督机制。审计人员会存在一定的侥幸心理，感觉自己的行为不会被别人发现，超越审计准则的界限也无关紧要，为了某些利益或行政干预可能会降低审计工作本应该有的审计独立性。审计结果公告的出台，这些行为有可能被社会公众获悉，因此会更加规范自身的审计行为。积极遵循审计准则，积极发现和查处违规违纪问题，接受社会公众的监督。

作为社会公众，审计结果公告是其关注审计信息的有效途径。社会公众关注审计机关披露了哪些审计信息，更关心这些违规问题得到了什么样的惩治和处罚。如果审计结果公告之后，被审计单位的违规问题并没有得到有效纠正，依然我行我素，下一年的审计结果公告中依然发现上一年的问题，甚至违规占用公共资金的规模更大了，社会公众就会质疑审计结果公告的有效性。因此，必须完善审计结果公告的问责机制，加大对被审计单位违规行为和违规问题的问责力度，以此来提高审计结果公告的社会信任度，提升政府审计质量水平。

审计是一种经济控制机制，以独立的第三方的形式实施经济监督。在目前的审计体制下，审计机关隶属于政府，是政府的职能部门之一。每年审计机关都需要向政府汇报审计工作报告，审计结果对外公布之前需要报政府审批，审计的独立性在一定程度上受到了影响。出于行政干预和部门利益以及地区经济的考虑，审计结果以往只是在审计机关和被审计单位内部消化和传达，审计机关下达的审计决议书和整改意见常常没有受到被审计单位的重视，整改和纠偏效果不理想，无法对被审计单位起到监督和行为约束的作用。审计结果公告制度的出台，以法律的形式要求审计机关对外公布和披露审计结果。之前不为人知的被审计单位的违规违纪行为呈现在了社会公众的面前。对于被审计单位的违规违纪行为的严重程度，社会公众会有自己的评价体系和衡量标准。对于应该受到处罚的违规行为，如果没有受到相应的处罚，容易引起社会公众和舆论的争议，影响国家治理和政府职能的发挥。作为被审计单位，考虑到其在社会公众面前的形象和审计机关的严厉处罚，会对审计结果和审计决议更为重视，积极整改，约束自身行为。如此一来，借助审计结果公告，审计机关的审计执行效果会因此而增强，政府审计质量也会因此而提高。

要完善审计结果公告后的问责制度，主要从以下两个方面展开：

第一，明确问责主体的问责责任。审计机关在发现和查处违规违纪问题后，针对涉及的责任主体，明确问责范围、问责程序，制定相关规定，提高审计移送书和通报书对责任主体的强制约束力。

第二，实行对问责主体的再问责。审计机关设立专门的部门负责对审计结果的移送，并对移送问题的完结情况进行跟踪调查，对照审计结果移送书中的审计意见和建议，对责任主体的问责情况进行评估。对于那些问责不力的，以审计报告的形式向相关部门汇报，实现对问责主体的再问责。

三、加大地方审计结果公告的公开力度

掌握信息也就掌握了优势和主动权。信息优势方利用手中的信息实现自身利益最大化。作为信息劣势的一方，社会公众要想降低委托代理双方的代理成本，防止政府运用手中的公权力做出偏离公众利益的行为，加强独立第三方的审计监督必不可少。在我国的行政体制中，各级审计机关都属于行政职能部门之一，双重领导制和行政审计模式使得审计机关在实施审计的过程中必然会受到行政的干预，影响审计独立性。另外，审计机关是拥有公权力的信息优势方，如何来监督审计机关的受托经济责任履行情况？基于两个方面的考虑，社会公众应该具备一定的信息基础，获取必要的信息以加强社会公众和舆论的监督。审计信息便是社会公众比较关心和关注的重要政府信息。

通过审计信息，借助审计机关查处的违规违纪问题和重大案件，社会公众可以了解到政府行为是否恰当，是否有效履行公共受托经济责任，公权力是否使其偏离公众利益。

通过审计信息，社会公众可以依据自身的知识储备和阅历经验判断审计机关在实施审计、查处被审计单位违规违纪问题过程中是否充分有效、客观公正。

长期以来，审计工作一直都具有神秘感，审计结果只在小范围内公开，并无法被社会公众所知悉和了解，审计信息的获取因此困难无比。评价政府审计质量自然无从谈起。没有公众的监督和评价，审计机关很难看到自身在工作中存在的不足，提高政府审计质量的动力也会不足。审计结果公告制度的出台，给了社会公众一个获取审计信息的可靠途径。通过审计结果公告，社会公众和政府之间的信息不对称程度得到了降低，社会公众可以通过审计结果公告的内容描述政府工作情况和审计工作情况，以及工作成效。审计信息的透明度因此得到提高，审计内容暴露在全社会的监督之下，促进了审计的提高。

地区各级审计机关是审计发挥监督和治理职能的中坚力量。从地区审计机关对外公布的审计结果公告数量和规模的统计可以发现，2003 年审计署公布了第一份审计结果公告，开启了审计信息对外公开的崭新模式和阶段，但是审计结果公告的数量在随后的几年里只有几份，直到 2008 年，审计署对外公布的审计结果公告才达到两位数，为 12 份。地区审计结果公告在 2008 年之前几乎没有，只有北京、上海、河南、江苏、广东等省份间断性地公布过几份审计结果。2008 年《政府信息公开条例》的出台，各地审计机关才开始陆续以审计结果公告的形式对外公布审计信息。随后几年，地区审计机关披露的审计调查项目也主要集中在预算执行审计和专项资金审计方面，审计对象比较单一，数量和规模也不多，审计结果公告的公开力度还不充分。出现该现象的原因与地区审计机关审计覆盖范围和开展的审计调查项目的范围息息相关。地方审计机关应该积极跟随审计署的步伐，将审计工作重点从局部性的审计转变为全局性的审计，加强对未被审计单位的审计覆盖范围，对被审计单位实施从预算计划、预算执行到财政收支的全过程审计，并将审计的对象扩展到更广泛的领域。

《政府信息公开条例》只提出地方审计机关应该将被审计单位的审计结果对外公开，但没有强制规定必须将审计结果以审计结果公告的形式对外公布。这样一来，公布审计结果成为了审计机关的一项权利而非责任和义务。加上我国施行的是行政审计模式，审计结果公告的公告力度因此受到了影响。因此，应该对涉及保密事项的范围进行详细的界定，以法律的形式明确规定符合对外公开披露条件的审计结果应该及时、客观、全面地以审计结果公告的形式向社会公布，以此增加对审计结果公告的公开力度，进一步提高政府审计质量，发挥审计监督和治理功效。

四、改革审计结果公告的报告形式

在分析审计结果公告影响社会公众对政府审计质量的满意度的分析中，审计结果公告的内容翔实度并未引起社会公众对政府审计质量的显著改观。从理论分析上来说，审计结果公告内容披露得越详细，说明审计结果公告中包含的审计信息越丰富。但丰富的审计结果公告内容并未发挥其应有的效应。

根据《审计机关审计报告的编制准则》要求，审计报告中应该包含被审计单位的基本情况，审计发现的主要问题，以前年度发现审计问题的整改情况，审计处理和整改情况。当前，审计结果公告所披露的内容主要包括对被审计单位基本信息的描述，在对被审计单位实施审计的过程中发现的主要问题，以及提出的审计建议。审计结果公告还会对后续被审计单位的整改情况和移交案件的处理情况进行报告。

（1）在语言描述上，常常会用到一些专业名词。社会公众在阅读审计结果公告的内容时，在理解上会存在一定的偏差，而且审计结果公告在描述被审计单位的主要问题时有时会使用一些模糊的语句，以致无法清晰地了解到被审计单位的财务收支情况。无法从"有些项目""部分投资"等概括性的语言中获悉存在的具体问题，针对性不强。

（2）报告的格式没有统一的标准。概括性的语句使用得较多，往往将一些重要的审计信息过滤掉，避重就轻，以致无法清晰地获悉被审计单位的主要问题究竟是什么，严重程度如何，哪些违反了相关法律，应该受到哪些处罚。

因此，应该在现有审计结果公告的报告形式上进行改革，针对不同的审计对象，突出审计结果所需披露的重点审计信息，将重点的审计信息描述清楚，突出重点，具有针对性。不仅对被审计单位的违规违纪行为等问题进行披露和报告，对政府部门的慢作为和不作为行为也应该进行披露和报告。

审计结果公告公开力度的加大和审计问责机制的完善，会促使被审计单位在一定程度上规范自身的行为，较少违规行为的发生。但要注意防止另外一种极端问题的出现，就是不作为和慢作为。既然违规会被曝光，会被问责，会被处罚，那就不作为、慢作为，防止"不做就不会错"的想法出现。虽然这样一来，违规占用公共资金的情况会减少，但公共资金的使用效率会大大降低，这无法满足社会公众的需求，也会阻碍社会的发展和进步。政府审计的功能在于监督和治理，并非不作为。因此，在审计结果公告的报告形式和内容上，还应该对政府部门的工作绩效和公共资金使用效率情况进行披露。

五、完善相关法律法规的制度建设

约束行为最行之有效的方法就是以立法的形式展开，每个公民无论身份地位如何，都需要遵守法律法规，行为不能凌驾于法律之上。2003 年，审计署公布第一份审计结果公告，社会公众有了获取审计信息的新途径，以及政府审计质量有了质的飞跃都在于审计结果公告制度的出台。不论被审计单位是否愿意，审计机关是否有供给意愿，都需要依法遵守法律法规。目前来看，审计结果公告尽管有审计结果公告制度，但还未形成一个完善的法律体系，尚无法做到审计机关在审计执行过程中有章可循。应该建立一个完整的法律体系，由基本准则、具体准则和应用指南共同组成。基本准则主要是统领审计结果报告的总体要求和规范，具体准则是审计人员在实施审计和执行审计结果的过程中的具体规范和要求，应用指南则是更加细致和具体的业务指引。

被审计单位也要建立相应的制度规范，在审计机关实施审计的过程中积极配合审计人员开展审计工作，对于审计人员给出的审计决议书和审计整改意见，认真开展整改。

建立相应的被审计单位复议制度，保证审计结果公告内容的客观真实性。

建设相关的制度保障社会公众对审计结果公告制度的知情权和诉讼权。当社会公众认为审计机关没有客观公正地对审计结果进行披露和陈述时，可以依法通过相关部门提起诉讼请求，要求审计机关在不违反国家机密的情况下公开审计结果。

　　配套的行政处罚制度。对于违规行为，给予相应的行政处罚，保障法律法规的震慑力，防止法律法规形同虚设的问题出现。

　　强化政府审计的信息反馈机制。审计结果公告制度降低了信息不对称程度，提高了审计的透明度，为社会公众获取审计信息提供了一个良好的平台和途径。但审计结果公告制度不应该仅仅只是传递信息，信息传递只是审计结果公告发挥作用的关键步骤之一，而非最终目的。审计结果公告制度的目的在于通过提高审计信息的透明度，引起社会公众对审计信息的广泛关注，满足社会公众的需求，提高政府审计质量，发挥审计的监督和治理功效。通过社会监督和社会舆论给被审计单位施加压力，督促其更好地实现受托经济责任的有效履行，保障公共资源和公共资金被恰当、高效使用。在这个过程中，要对公布的审计结果公告信息进行及时反馈。这是审计机关需要认真思索和考虑的问题。目前，在我国的审计结果公告制度中并没有类似的法律法规。社会公众对审计结果公告的反馈意见更多地只能借助媒体展开，通过形成社会舆论来引起政府和审计机关等相关组织的关注和重视。这种方式无法及时地了解到社会公众的需求，而且在多重信息传导过程中往往会发生误传和谣言，引起不必要的舆论冲突和社会矛盾。

　　因此，审计机关内部应该设立专门的沟通平台，组织专门的人员搜集社会公众对审计结果公告的信息反馈，并及时做出反应，以提高审计结果公告促进政府审计质量水平提升的作用和影响力。

本章小结

　　在审计结果公告影响政府审计质量的实证分析的基础上，结合目前审计结果公告存在的问题，本章提出改革和完善审计结果公告的实现路径。本章从强化审计机关内部的运行机制；完善审计结果公告的问责制度；加大地方审计结果公告的公开力度；改革审计结果公告的报告形式；完善相关法律法规的制度建设五个方面提出建议，指出审计结果公告进一步提升政府审计质量的途径和方法。

第八章

研究结论与展望

本章是本书的结尾，主要是对整本书进行总结和归纳，本章内容主要包括研究结论、研究局限和未来展望三个部分。

政府审计质量是审计的生命，关系到审计功能的发挥，具有重要地位。改革和完善审计结果公告制度是政府审计质量进一步提升的重要途径和方式。审计结果公告应该并且可以在提升政府审计质量的过程中发挥重要的作用。本书研究的重点主要是审计结果公告提升政府审计质量的实现路径，围绕这一核心问题，以政府审计质量为研究对象，以公共受托经济责任理论为基础，从理论研究和实证研究两个方面深入剖析审计结果公告与政府审计质量的内在联系，审计结果公告如何提升政府审计质量，政府审计质量进一步提升的需求如何促进审计结果公告制度的改革和完善。在此基础上，构建政府审计质量的测量体系，实现审计功能的发挥和质量的提升，创新审计理论研究。本书通过对审计结果公告提升政府审计质量进行理论分析，深入讨论了审计结果公告与政府审计质量的内在联系、审计结果公告提升政府审计质量的理论基础、审计结果公告提升政府审计质量的现实依据、审计结果公告提升政府审计质量的功能定位和审计结果公告提升政府审计质量的作用机制。在界定政府审计质量的基础上，构建政府审计质量的测量体系。从预防功能、揭示功能和抵御功能三大功能展开分析，强调审计结果公告在实现审计功能，进而提升政府审计质量的过程中的作用和地位。从政府审计质量的影响因素到政府审计质量的衡量指标，构建理论模型，确立政府审计质量的测量体系，并进行实证检验。在此基础上，实证检验审计结果公告对政府审计质量的作用和影响。从政府审计质量的综合评价指标到衡量政府审计质量的分项指标，从审计预防质量、审计揭示质量、审计抵御质量、社会公众对政府审计质量的满意度四个方面考察审计结果公告在数量规模、公告力度和内容翔实度三个方面对其的影响。通过对审计结果公告影响政府审计质量的研究，以及对政府审计质量测量体系构建的探讨，为审计结果公告在促进审计功能发挥和政府审计质量提升中的重要性提供理论和数据支撑，并在此基础上，指出改革和完善审计结果公告的必要性。通过调整审计结果公告的报告形式，从强化审计机关内部的运行机制，提高审计结果公告的供给意愿，加大各级审计结果公告力度和提高审计的问责力度等方面来提升审计结果公告的质量，实现政府审计质量的提升。

一、研究结论

本书主要讨论审计结果公告与政府审计质量之间的关系，得到了以下几个方面的结论：

第一，审计结果公告应该而且可以对提升政府审计质量产生积极的作用和影响。首先，推行民主法治和政府职能转变要求政府加大政务公开力度，提高政府信息的透明度。政府审计作为一种特殊的经济控制手段，是保障公共受托经济责任有效履行的重要方式，能够督促政府加快行政效能的改进，有效监督和制约公权力，促进公权力的阳光运行。政府审计的职能和地位使得通过审计结果对外公开的政府信息更具有公信力。借助审计结果公告披露的审计信息，可以指引社会公众参与监督，约束被审计单位的机会主义动机，增强执法力度，强化政府审计监督的政策效果，提升政府审计质量水平。其次，政府审计质量是审计过程质量和结果质量的结合，过程难以观测，结果成为了反映审计机关和审计人员工作绩效和专业胜任能力的重要体现。审计结果最直接的载体就是对外公布审计结果公告，让社会公众获悉政府审计信息，扩大审计机关的影响力，建立审计部门的声誉机制和竞争优势，提升政府审计质量。最后，随着社会公众自身参与民主政治意识的增强，公众对审计信息的需求以及对政府审计质量水平的期望也在随之增强。社会公众关注审计人员遵守审计准则的程度，关注审计人员发现和查处违规违纪问题的积极和认真程度，也关注审计人员报告审计结果和纠正违规违纪问题的愿望程度。社会公众的这些需求和期望主要通过审计结果公告来感知，并通过公共舆论对当前审计质量水平做出反应，传递给审计机关。审计机关面对社会公众的公共舆论和社会监督，基于自身职业晋升的考虑，会更加规范自身行为，积极发现和查处违规违纪问题，及时报告和纠正违规违纪情况，努力提高政府审计质量水平。

第二，审计结果公告不同于政府审计质量，审计结果公告是诸多影响政府审计质量因素中最为关键的因素。努力改革和完善审计结果公告制度对提升政府审计质量水平意义重大。在审计结果公告提升政府审计质量水平的实证分析中发现，审计结果公告对提升政府审计质量具有显著的促进作用。审计结果公告的规模的扩大，审计结果公告的公告力度的加强，以及审计结果公告所披露的审计调查项目的内容翔实度的增强，都对提升政府审计质量有积极的促进作用。将衡量政府审计质量的综合指标细分为审计揭示质量、审计抵御质量和审计预防质量，目前，审计结果公告对审计揭示质量的促进作用效果最为显著，抵御质量的促进作用次之，对提升政府审计的预防质量效果最弱。审计结果公告的规模对审计预防质量有一定的促进作用，审计结果公告的内容翔实度对审计预防质量没有显著的促进作用。一方面，说明审计机关和审计人员目前的精力主要集中于发现和查处违规违纪问题，对及时制止趋势性问题和跟踪被审计单位的整改进度关注度有限。这与目前地方审计人员规模有限有关，但也表明必须创新审计方法，进一步提升审计人员的专业胜任能力，制定更为有效的激励机制。另一方面，也说明审计结果公告在公告力度和内容翔实度方面有待改革和完善。

第三，审计结果公告通过提升政府审计质量水平，能够有效促进国家审计发挥国家治理的功能。第六章的经济研究发现，提升政府审计质量水平的意义在于充分发挥政府审计的监督和治理作用，保障和促进公共受托经济责任全面有效履行，监督政府部门的财政资金使用效率，监督重大投资项目，及时查处和纠正违规违纪问题，发挥国家治理的功效。随着地方审计机关对外公开审计结果公告，政府审计有效提升了地方政府的行政管理效率和腐败治理效力。提升政府审计质量水平具有重要的经济后果。一方面，政府审计通过监控地方政府财政资金使用的合法合规情况以及效率效果情况，能够减少地方政府财政资金使用过程中的违法违规和损失浪费行为，有助于提高公共资金的使用效率，减少地方政府的无效率支出，合理控制地方政府的支出规模，进而提升其行政管理效率。另一方面，政府审计通过监控地方政府公共经济权力的运行状况，能够有效促进地方官员切实履行公共受托经济责任，减少寻租腐败行为，有助于提升地方政府的腐败治理效力，进一步明确了改革和完善审计结果公告制度的必要性和现实意义。

第四，政府审计质量水平的进一步提升还需要不断改革和完善审计结果公告制度。利用省级面板数据所做的实证研究结论表明，地方审计机关对外公布审计结果公告的力度并不充分，审计结果公告所包含的审计信息含量有限。审计结果公告有效促进了政府审计揭示质量的提升，但对政府审计抵御质量和预防质量的促进作用不明显。政府审计质量的提升不仅在于审计机关和审计人员要发现和查处违规违纪问题，还应提升审计执行力度、审计纠偏力度和审计威慑力度。因此，结合实证分析中发现的问题，本书提出从强化审计机关内部的运行机制，完善审计结果公告的问责制度，改革审计结果公告的报告形式，加大审计结果公告的公开力度和完善相关法律法规的制度建设方面来提升审计结果公告的质量，实现政府审计质量的提升。

二、研究局限

本书的研究不足主要有以下几个方面：

首先，理论分析视角有待进一步扩展。本书从受托经济责任理论、委托代理理论、信息不对称理论、公众选择理论、政府绩效管理理论的角度出发，讨论了审计结果公告对政府审计质量提升的作用和影响。审计结果公告强调了审计信息的公开，从信息学和经济学的角度开展了更为广泛的研究。

其次，政府审计质量测量指标体系的内涵还需进一步充实。政府审计质量的衡量是一个复杂的动态过程，每个阶段都有不同的审计目标。本书从审计功能实现和社会公众满意度的视角选择指标变量，没有将政府审计质量的测量指标全部包含在体系之中。

最后，实证分析中的样本选取的范围具有局限性。地方审计机关大范围开始对外公开审计结果公告是在 2008 年以后，而模型中所需的指标变量多来自《中国审计年鉴》，这导致实证研究的样本规模较小，对实证结论具有一定的影响，还需要不断扩充研究样本，进一步深化研究结论。

三、未来展望

在后续的研究中，可以考虑以下两个方面：

理论方面。扩展研究的领域，找到审计结果公告作用政府审计质量的更为充分的理论支撑。在此基础上，扩展实证研究的思路。

实证方面。政府审计质量难以衡量，在实证研究中，应该增加实证研究方法，通过不同的研究方法来论证影响政府审计质量的影响因素和影响程度，为提升政府审计质量提供更强有力的政策建议。

参考文献

［1］蔡春，蔡利．国家审计理论研究的新发展——基于国家治理视角的初步思考［J］．审计与经济研究，2012，27（2）：3-10，19.

［2］蔡春，李江涛，刘更新．政府审计维护国家经济安全的基本依据、作用机理及路径选择［J］．审计研究，2009（4）：7-11.

［3］蔡春．审计理论结构研究［M］．大连：东北财经大学出版社，2003.

［4］蔡利，马可哪呐．政府审计与国企治理效率——基于央企控股上市公司的经验证据［J］．审计研究，2014（6）：48-56.

［5］陈尘肇，孟卫东，朱如意．国家审计结果公告制度的博弈分析［J］．审计研究，2009（3）：9-13.

［6］陈宋生，陈海红，潘爽．审计结果公告与审计质量——市场感知和内隐真实质量双维视角［J］．审计研究，2014（2）：18-26.

［7］陈亚丽．论审计公告的双刃剑作用［J］．社科纵横，2005（6）：55，60.

［8］陈艳娇，易仁萍．金融审计免疫系统功能实现的路径研究——基于审计结果公告的实证分析［J］．审计研究，2009（3）：8，14-20.

［9］陈志斌．公共受托责任：政治效应、经济效率与有效的政府会计［J］．会计研究，2003（6）：36-39.

［10］崔振龙．政府审计职责及其发展展望［J］．审计研究，2004（1）：37-39.

［11］代勇．国家审计质量研究［D］．成都：四川大学硕士学位论文，

2007.

　　［12］高林．关于提高审计工作质量和水平的思考［J］．审计研究，2002
（3）：11 – 16.

　　［13］胡南薇，陈汉文．我国政府审计功能的多维立体观——公共治理理
论下的解读［J］．当代财经，2008（9）：30 – 34.

　　［14］黄溶冰，王跃堂．我国省级审计机关审计质量的实证分析（2002 –
2006）［J］．会计研究，2010（6）：70 – 76，96.

　　［15］黄溶冰，赵谦．我国环境保护财政资金的绩效评价（2006～2011
年）——基于审计结果公告的内容分析［J］．财政研究，2012（5）：31 – 35.

　　［16］黄莺．审计人才评价与分级的能力模型：一项探索性研究［J］．审
计研究，2009（1）：26 – 31.

　　［17］江雅．我国政府审计机关审计质量问题探析［D］．南昌：江西财
经大学硕士学位论文，2015.

　　［18］靳思昌．国家审计结果公告绩效及其影响因素研究［D］．北京：
北京交通大学博士学位论文，2014.

　　［19］李季泽．政府审计的法理［M］．北京：中国时代经济出版
社，2004.

　　［20］李明辉，孙婕，叶超．我国政府审计实证研究述评——基于 CSSCI
（1999—2014）检索论文的分析［J］．审计与经济研究，2017，32（2）：
1 – 12.

　　［21］李青原，马彬彬．国家审计与社会审计定价：顺风车还是警示
灯？——基于我国央企控股上市公司的经验证据［J］．经济管理，2017，39
（7）：149 – 162.

　　［22］李若山．论审计与社会经济权责结构［M］．北京：中国财政经济
出版社，1991.

　　［23］李希龙．建立和完善审计质量控制体系　努力实现审计工作的法治
化［J］．中国审计，2004（20）：34 – 36.

　　［24］李小波，吴溪．国家审计公告的市场反应：基于中央企业审计结果
的初步分析［J］．审计研究，2013（4）：85 – 92.

　　［25］廖义刚，陈汉文．国家治理与国家审计：基于国家建构理论的分析

［J］．审计研究，2012（2）：9－13.

［26］刘家义．以科学发展观为指导　推动审计工作全面发展［J］．审计研究，2008（3）：3－9.

［27］刘明辉，常丽．政府审计结果公开机制评析［J］．审计研究，2005（2）：26－30.

［28］刘英来．关于审计质量控制的思考［J］．审计研究，2003（4）：12－13.

［29］刘誉泽．论审计文化视角下的审计法治［J］．审计研究，2009（5）：29－32.

［30］卢梭．社会契约论［M］．何兆武译．北京：商务印书馆，2003.

［31］罗伯特·A. 莫茨，侯赛因·K. 夏拉夫．审计理论结构［M］．杨树滋，文硕译．北京：中国商业出版社，1990.

［32］马国贤．政府绩效管理［M］．上海：复旦大学出版社，2005.

［33］马曙光．博弈均衡与中国政府审计制度变迁［M］．北京：中国时代经济出版社，2009.

［34］聂萍，徐钦英．我国政府审计质量的实证研究——源于审计署特派办审计结果执行情况的经验数据［J］．财经理论与实践，2012，33（1）：59－63.

［35］聂新军，张立民．我国地方政府审计结果公告影响因素实证分析——来自广东、江西两省审计机关的证据［J］．宏观经济研究，2009（6）：69－73.

［36］欧阳华生．我国国家审计公告信息分析：2003－2006——解读我国财政违规资金特征［J］．审计研究，2007（3）：8－15.

［37］彭巨水．审计结果公告制度下的舆情应对策略探析［J］．审计研究，2013（6）：27－32.

［38］美国地方政府审计师协会编．政府审计质量控制指南［M］．齐国生，方子虹，赖和惠，徐鸿飞译．北京：中信出版社，1996.

［39］钱啸森，李云玲．关于推行和完善审计结果公告制度的思考［J］．审计研究，2006（2）：24－28.

［40］秦荣生．对我国国家审计发展战略的思考［J］．审计研究，2008

（3）：20 – 25.

［41］秦荣生．公共受托经济责任理论与我国政府审计改革［J］．审计研究，2004（6）：16 – 20.

［42］裘宗舜，韩洪灵，张思群．公共受托责任、新公共管理与我国政府会计改革［J］．财务与会计，2004（4）：50 – 53.

［43］任保平，魏语谦．"十三五"时期我国经济质量型增长的战略选择与实现路径［J］．中共中央党校学报，2016，20（2）：31 – 39.

［44］尚兆燕．审计结果公告制度——法律社会学的解释视角［J］．审计研究，2007（3）：16 – 20.

［45］审计署武汉特派办课题组，程光．国家重大政策措施贯彻落实情况跟踪审计创新与发展研究［J］．审计研究，2018（4）：18 – 23.

［46］石爱中．现行体制下国家审计法治说论［J］．审计研究，2004（1）：9 – 12.

［47］史宁安，叶鹏飞，胡友良．审计质量之用户（顾客）满意论［J］．审计研究，2006（1）：16 – 19.

［48］宋常，周长信，黄蕾．我国地方审计机关审计结果公告研究：2003～2008——基于省级审计机关网上审计结果公告信息的分析［J］．经济与管理研究，2009（5）：97 – 102.

［49］宋常，周长信，赵懿清等．政府审计信息披露质量及其评价研究［J］．当代财经，2010（7）：112 – 118.

［50］宋达，郑石桥．政府审计对预算违规的作用：抑制还是诱导？——基于中央部门预算执行审计数据的实证研究［J］．审计与经济研究，2014，29（6）：14 – 22.

［51］宋夏云，黄佳琦．国家审计功能边界研究［J］．财经论丛，2020（7）：73 – 82.

［52］宋夏云．中国国家审计独立性的损害因素及控制机制研究——基于246位专家调查的初步证据［J］．审计研究，2007（1）：24 – 29.

［53］宋艳．关于政府审计人员胜任力的研究［J］．财务与会计，2011（6）：14 – 17.

［54］宋依佳．推行审计公开的战略思考——基于社会主义民主法治建设

的背景［J］．审计研究，2008（3）：33－37．

［55］孙宝厚．关于全面审计质量控制若干关键问题的思考［J］．审计研究，2008（2）：3－10．

［56］唐欢．论审计信息质量特征体系的构建［J］．审计月刊，2006（23）：11－12．

［57］唐建新，古继洪，付爱春．政府审计与国家经济安全：理论基础和作用路径［J］．审计研究，2008（5）：29－32．

［58］王彪华．新形势下国家审计职能定位研究［J］．中国软科学，2020（11）：162－171．

［59］王德河，刘力云．对我国政府审计研究的反思［J］．审计研究，2003（6）：48－52．

［60］王芳，周红，任康．审计体制、审计方式与政府审计质量——基于正式与非正式制度的视角［J］．当代财经，2012（8）：106－119．

［61］王芳．政府审计质量的影响因素研究［D］．上海：复旦大学博士学位论文，2009．

［62］王浩斌，王飞南．近年来国内政府信任问题研究综述［J］．武汉科技大学学报（社会科学版），2007（6）：605－609．

［63］王会金，王素梅．建立健全政府审计问责机制研究［J］．财经科学，2009（1）：119－124．

［64］王立彦．从"诊断监督观"到"免疫系统观"［J］．中国审计，2008（19）：27－28．

［65］王立彦．审计"免疫系统"与"屡查屡犯"——听刘家义审计长在国新办新闻发布会上答记者问有感［J］．中国审计，2009（5）：29．

［66］王浦劬．政治学基础（第二版）［M］．北京：北京大学出版社，2006．

［67］王士红，顾远东．国家审计人员心理契约、工作满意度与知识共享行为［J］．审计研究，2012（1）：48－54．

［68］王淑梅．国家审计质量与效果的研究［D］．长春：吉林大学博士学位论文，2008．

［69］王振海．公众政治论（第一版）［M］．济南：山东大学出版社，

2005.

　[70] 王中信，吴开钱．特派办联系中管企业制度的博弈分析——对审计质量影响的案例分析 [J]．审计研究，2007（3）：21 - 23，29.

　[71] 韦德洪，覃智勇，唐松庆．政府审计效能与财政资金运行安全性关系研究——基于审计年鉴数据的统计和实证研究 [J]．审计研究，2010（3）：9 - 14.

　[72] 魏礼江，刘绍统，刘向东等．政府审计法律理论与实务 [M]．北京：中国审计出版社，1998.

　[73] 吴联生．政府审计机构隶属关系评价模型——兼论我国政府审计机构隶属关系的改革 [J]．审计研究，2002（5）：14 - 18.

　[74] 吴一平．财政分权、腐败与治理 [J]．经济学（季刊），2008（3）：1045 - 1060.

　[75] 武俊．美国政府会计与审计职业化历程及其启示 [J]．外国经济与管理，2000（4）：43 - 48.

　[76] 席晟，倪巍洲．审计结果公告制度的阶段性判断与实施效果分析 [J]．审计研究，2006（5）：11 - 14.

　[77] 谢德仁．会计信息的真实性与会计规则制定权合约安排 [J]．经济研究，2000（5）：47 - 51.

　[78] 徐鹤田．国家治理视角下推进审计结果公告的思考 [J]．中国内部审计，2013（4）：86 - 89.

　[79] 许百军．审计绩效、审计治理结构与对政府审计制度效率的比较因素分析 [J]．审计研究，2008（2）：26 - 32.

　[80] 阎金锷．试论审计的性质和职能 [J]．审计研究，1986（2）：10 - 13.

　[81] 杨德明，夏敏．重大自然灾害后的政府审计行为研究 [J]．审计与经济研究，2009，24（3）：37 - 41.

　[82] 杨肃昌，李敬道．从政治学视角论国家审计是国家治理中的"免疫系统"[J]．审计研究，2011（6）：3 - 8.

　[83] 杨肃昌．中国国家审计：问题与改革 [M]．北京：中国财政经济出版社，2004.

[84] 叶子荣，马东山．我国国家审计质量影响因素研究——基于2002—2007年省际面板数据的分析 [J]．审计与经济研究，2012，27（6）：12 - 24.

[85] 尹平，戚振东．国家治理视角下的中国政府审计特征研究 [J]．审计与经济研究，2010，25（3）：9 - 14.

[86] 曾庆勇，胡继荣．各国审计结果公告制度比较研究 [J]．福州大学学报（哲学社会科学版），2008（1）：20 - 24.

[87] 张红卫，韩东海，李曙光．政府审计质量管理存在的问题及对策 [J]．石家庄铁道大学学报（社会科学版），2010，4（3）：52 - 55.

[88] 张立民，丁朝霞．审计公告与国家审计信息披露理论框架的研究——基于信号传递机制的研究视角 [J]．审计与经济研究，2006（4）：8 - 11.

[89] 张立民，邢春玉，温菊英．国有企业政治关联、政府审计质量和企业绩效——基于我国A股市场的实证研究 [J]．审计与经济研究，2015，30（5）：3 - 14.

[90] 张琦．公共受托责任、政府会计边界与政府财务报告的理论定位 [J]．会计研究，2007（12）：29 - 34，96.

[91] 张庆龙．政府透明与国家审计结果公开 [J]．当代财经，2005（4）：126 - 128.

[92] 张琼方．政府审计质量影响因素研究 [D]．北京：北京林业大学硕士学位论文，2011.

[93] 张曾莲．公共危机救助资金的绩效评价——基于审计结果公告的内容分析 [J]．当代经济管理，2015，37（2）：43 - 48.

[94] 赵保卿，盛君，姚长存．成本预算视角下的国家审计质量控制 [J]．审计与经济研究，2010，25（4）：8 - 15.

[95] 赵劲松．关于我国政府审计质量特征的一个分析框架 [J]．审计研究，2005（4）：65 - 68.

[96] 赵伟江．公共审计服务治理理念与政府审计机制创新 [J]．审计研究，2004（3）：66 - 69.

[97] 郑石桥，尹平．审计机关地位、审计妥协与审计处理执行效率

［J］．审计研究，2010（6）：53－58.

［98］郑小荣，何瑞铧．中国省级政府审计结果公告意愿影响因素实证研究［J］．审计研究，2014（5）：52－59.

［99］郑小荣，尹平．中国政府审计结果公告机制研究——基于利益相关者视角的数理分析［J］．审计研究，2013（3）：16－21.

［100］郑小荣．公告质量、质量特征与策略性行为——基于第53号审计公告与3市调查的中国政府审计结果公告研究［J］．会计研究，2012（10）：79－86，96.

［101］郑小荣．基于ISM方法的政府审计结果公告质量评价模型研究［J］．审计研究，2011（3）：48－55.

［102］周黎安．晋升博弈中政府官员的激励与合作——兼论我国地方保护主义和重复建设问题长期存在的原因［J］．经济研究，2004（6）：33－40.

［103］朱登云．审计结果公告制度的法律研究［J］．审计研究，2004（2）：15－18.

［104］朱小平，叶友，傅黎瑛．中美国家审计绩效衡量指标体系比较研究［J］．审计与经济研究，2004（5）：1－4.

［105］AICPA. Report of the Commission on Auditors' Responsibilities（Cohen Commission）［M］. New York：American Institute of Certified Public Accountants，1978.

［106］Arenas A. A.，Loebbecke J. K. Auditing – An Integrated Approach［M］. New Jersey：Prentice Hall，1999.

［107］Baber W. R. Toward a Framework for Evaluating the Role of Accounting and Auditing in Political Markets：The Influence of Political Competition［J］. Journal of Accounting and Public Policy，1990，9（1）：57－73.

［108］Baker C. R. The Varying Concept of Auditor Independence［J］. The CPA Journal，2005，75（8）：22－28.

［109］Beck，Paul J. Donald M. Roberts and Ira Solomon，Discussion of A Re-evaluation of the Positive Testing Approach In Auditing［J］. Auditing：A Journal of Practice & Theory，1990（9）：167－175.

［110］Berry L. E.，Harwood G. B.，Katz J. L. Performance of Auditing Procedures by Government Auditors: Some Preliminary Evidence [J] . The Accounting Review, 1987, 62 (1): 14 – 28.

[111] Boon K. , Crowe S. , McKinnon J. , et al. Compulsory Audit Tending and Audit Fees: Evidence from Australian Local Government [J] . International Journal of Auditing, 2005, 9 (3): 221 – 241.

[112] Callaghan J. , Parkas M. , Signal R. Going – Concern Audit Opinions and the Provision of Non Audit Services: Implications for Auditor Independence of Bankrupt Firms [J] . Auditing: A Journal of Practice and Theory, 2009, 28 (1): 153 – 169.

[113] Chang E. C. , Wong S. M. L. Political Control and Performance in China's Listed Firms [J] . Journal of Comparative Economics, 2004, 32 (4): 617 – 636.

[114] CICA. Report of the Commission to Study the Public's Expectation of Audits [R] . Canadian: Canadian Institute of Chartered Accountants, 1988.

[115] Copley P. A. The Association Between Municipal Disclosure Practices and Audit Quality [J] . Journal of Accounting and Public Policy, 1991, 10 (4): 247 – 266.

[116] Datar S. M. , Feltham G. A. , Hughes J. S. The role of Audit and Audit Quality in Valuing new Issues [J] . Journal of Accounting and Economics, 1991, 14 (1): 3 – 49.

[117] Dean P. , Gujarathi R. Mahendra. Survey Results Training Government Auditors in Developing Countries [J] . International Journal of Government Auditing, 1990 (7): 11.

[118] DeAngelo L. E. Auditor Independence, "Low Balling", and Disclosure Regulation [J] . Journal of Accounting and Economics, 1981, 3 (2): 113 – 127.

[119] Deis Jr. D. R. , Giroux G. A. Determinants of Audit Quality in the Pubilc Sector [J] . The Accounting Review, 1992, 67 (3): 462 – 479.

[120] Deis Jr. D. R. , Giroux G. The Effect of Auditor Changes on Audit Fees, Audit Hours, and Audit Quality [J] . Journal of Accounting and Public Policy, 1996, 15 (1): 57 – 76.

[121] Dixit A. On Modes of Economic Governance [J] . Econometrica: Jour-

nal of the Econometric Society, 2003, 71 (2): 449 – 481.

[122] Fan J. P. H. , Wong T. J. , Zhang T. Y. Politically Connected CEOs, Corporate Governance and Post – IPO Performance of China Newly Partially Privatized Firms [J] . Journal of Financial Economics, 2007, 84 (2): 330 – 357.

[123] Flesher D. L . GAO Audit Report Project for an Operational Auditing Course [J] . Managerial Auditing Journal, 1992, 7 (3): 30 – 32.

[124] Flint D. Philosophy and Principles of Auditing: An Introduction [M] . New York: Palgrave Macmillan, 1988.

[125] Jensen K. L. , Payne J. L. Audit Procurement: Managing Audit Quality and Audit Fees in Response to Agency Costs [J] . Journal of Practice and Theory, 2005, 24 (2): 27 – 48.

[126] Jensen M. C. , Meckling W. H. Theory of the Firm: Managerial Behavior, Agency Costs and Ownership Structure [J] . Journal of Financial Economics, 1976, 3 (4): 305 – 360.

[127] Li H. B. , Meng L. S. , Wang Q. , et al. Political Connections, Financing and Firm Performance: Evidence from Chinese Private Firms [J] . Journal of Development Economics, 2008, 87 (2): 283 – 299.

[128] Marks B. R. , Raman K. K. Some Additional Evidence on the Determinants of State Audit Budgets [J] . Auditing: A Journal of Practice and Theory, 1987, 7 (1): 107 – 117.

[129] Melvin S. The Little Red Book of China Business [M] . Chicago: Sourcebooks, 2001.

[130] Nikodem A. Constitutional Regulation of Supreme Audit Institutions in Central Europe in a Comparative Perspective [J] . Managerial Law, 2004, 46 (6): 32 – 52.

[131] O' Keefe T. B. , King R. D. , Gaver K. M. Audit Fees, Industry Specialization and Compliance with GAAS Reporting Standards [J] . Auditing: A Journal of Practice and Theory, 1994, 13 (2): 41 – 55.

[132] Percy I. The Best Value Agenda for Auditing [J] . Financial Accountability and Management, 2001, 17 (4): 351 – 361.

［133］ Pois J. Independence of State Audit ［M］. Geist B. State Audit. London: Palgrave Macmillan, 1981.

［134］ Samelson D., Lowensohn S., Johnson L. E. The Determinants of Perceived Audit and Auditee Satisfaction in Local Government ［J］. Journal of Public Budgeting Accounting and Financial Management, 2006, 18 （2）: 139 – 166.

［135］ Sawant R. J. Asset Specificity and Corporate Political Activity in Regulated Industries ［J］. Academy of Management Review, 2012, 37 （2）: 194 – 210.

［136］ Schelker M. Public Auditors: Empirical Evidence from the US States ［R］. Basel: Center for Research in Economics, Management and the Arts, 2008.

［137］ Shleifer A., Vishny R. W. Politicians and Firms ［J］. Quarterly Journal of Economics, 1994, 109 （4）: 995 – 1025.

［138］ Simon H. A. Rationality as Process and as Product of Thought ［J］. American Economic Association, 1978, 68 （2）: 1 – 16.

［139］ Tenev S., Zhang C. L., Brefort L. Corporate Governance and Enterprise Reform in China: Building the Institution of Modern Markets ［M］. Washington: World Bank and International Finance Corporation, 2002.

［140］ Watkins A. L., William H., Morecroft S. E. Audit Quality: A Synthesis of Theory and Empirical Evidence ［J］. Journal of Accounting Literature, 2004 （23）: 153 – 193.

［141］ Wheat E. M. The Activist Auditor: A New Player in State and Local Politics ［J］. Public Administration Review, 1991, 51 （5）: 385 – 392.

后　记

　　本书是在我博士论文基础上修改完成的。政府审计作为一种特殊的经济控制机制，其本质目标就是保障和促进公共受托经济责任的全面有效履行。政府审计一直是理论界和实务界关注的热点和焦点问题。服务于权力监督和国家治理的政府审计质量水平也因此成为了政府审计领域研究的核心和焦点问题。审计结果公告制度为研究政府审计质量提供了一个良好的窗口。随着本书稿的完成，回首整本书的撰写和专著的出版过程，这是我人生中极为充实和难忘的一段经历。本书的顺利完成要感谢所有帮助过我的老师、同学、同事、家人和朋友们。

　　首先，要感谢我的博士生导师——西南财经大学蔡春教授。从研究选题的确立，研究框架的构建，研究思路的完善，再到内容的撰写，都给了我很大的启发和指导。"君子欲讷于言而敏于行"，他严谨的治学态度，敏锐的学术思维，以及他提倡的"3A"精神，时刻鼓励着我在科学研究的道路上坚定前行。

　　其次，要感谢我的硕士生导师——华中科技大学郑红霞教授。在读研的这段时光里，郑老师对我的关怀无微不至，她引导我走上了学术的道路。在她的指导下，我完成了第一篇学术论文，为我今后的学术生涯奠定了基础。在生活中，我们无话不谈，郑老师给了我很多中肯的建议，也从她的经历中树立了我的人生目标。

　　再次，要感谢南京大学王跃堂教授，南京审计大学陈汉文教授，西南财经大学樊行健教授、马永强教授、谭洪涛教授、廖林教授在论文答辩时对文章提出的有益评论和建设性意见。还要感谢攻读博士学位期间所有帮助过我的老师、同门兄弟姐妹和同学们。

最后，要感谢重庆理工大学的领导和同事们，感谢会计学院大家庭对我的指导与帮助。

感谢所有关心我的朋友们、家人们，谢谢你们的相伴！

政府审计质量的衡量是一个复杂的动态过程，不仅涉及审计结果的质量，还包含审计过程的质量。审计结果公告与政府审计质量的研究是一个重要的命题，既需要深厚的理论功底，又需要严谨的研究方法。由于本人才疏学浅，书中难免会有纰漏甚至错误之处，敬请各位专家、学者和广大读者谅解与批评指正。

韩梅芳

2021 年 6 月